TRAUNER VERLAG
BILDUNG

AF707675

# Lilli, Bakabu & du

## Abenteuer Lesen

Christina Konrad
Andrea Lindtner
Marlene Lindtner
Ferdinand Auhser

1
VS

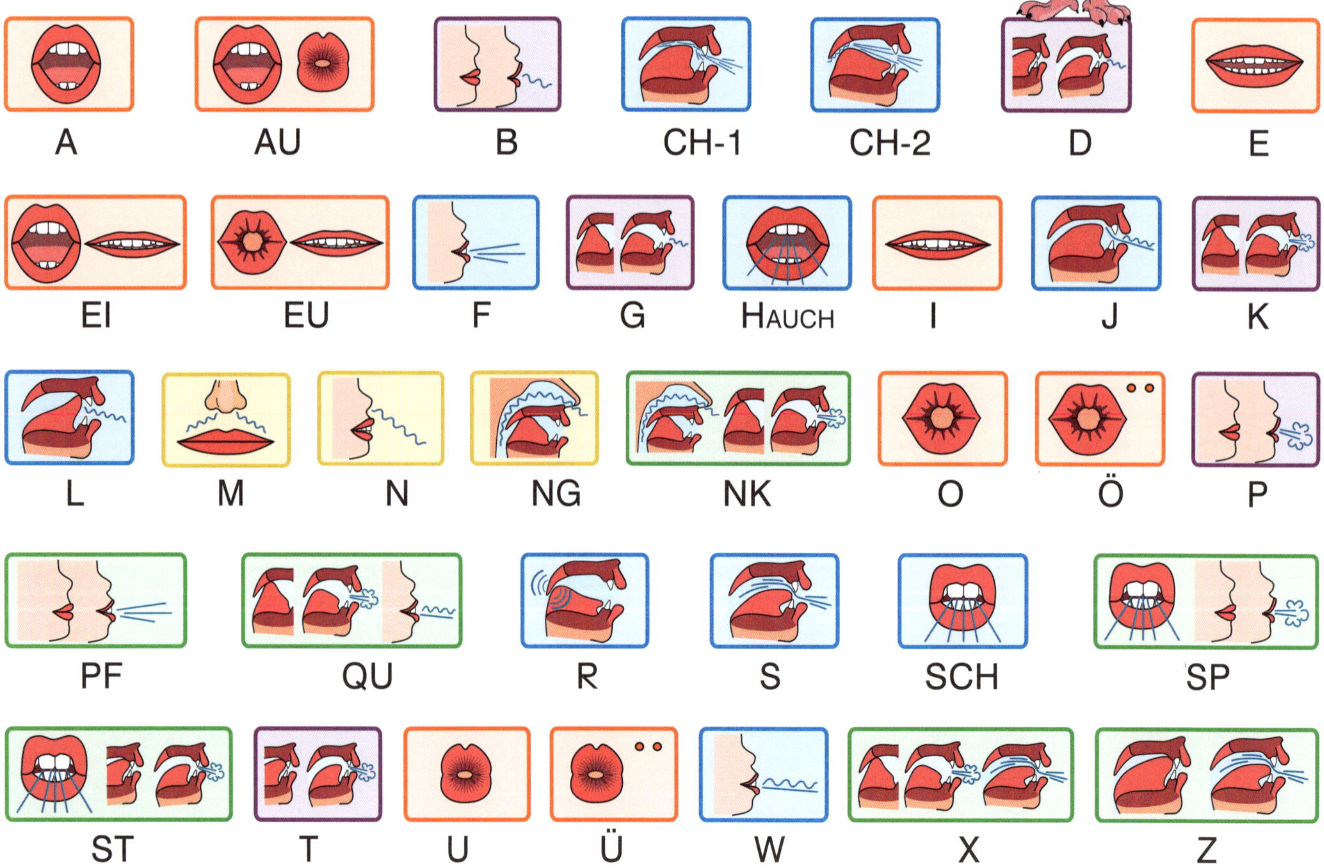

A
AU
B
CH-1
CH-2
D
E
EI
EU
F
G
HAUCH
I
J
K
L
M
N
NG
NK
O
Ö
P
PF
QU
R
S
SCH
SP
ST
T
U
Ü
W
X
Z

Mama

Oma

Papa

Opa

Lilli

Omo

Lola

Mimi

Bibo

Ula

Ami

Mio

Mia

Ili

Bobo

Ama

Ali

Oli

Ich bin Lilli und lebe im Wald. Dort habe ich viele Freunde. Ich bin eine sehr neugierige Eule und lese gerne Geschichten. Das Lesen macht mir sehr viel Spaß.

Ich bin Bakabu und lebe im Singeland. Ich liebe die Musik, das Singen und den Rhythmus. Beim Lesen achte ich besonders auf die Satzmelodie. Entdeckst du mich auf manchen Buchseiten?

## Picobello-Lesen (Lautlesetraining)

Beim Picobello-Lesen gelten folgende Regeln:
Jedes Wort wird laut

- richtig,
- flüssig und
- gut betont gelesen.

Wenn du ein Wort nicht richtig, flüssig oder gut betont liest, musst du es solange wiederholen, bis es dir picobello gelingt. Geh erst dann zum nächsten Wort über! Das gilt auch später für jeden Satz und für jeden Absatz.

www.trauner.at/PicobelloLesen_Woerter

www.trauner.at/PicobelloLesen_Saetze

Hältst du dich an diese Regeln, wirst du Schritt für Schritt einen Sichtwortschatz aufbauen. Als Sichtwortschatz werden alle Wörter bezeichnet, die du nicht mühsam durch Zusammenlauten erlesen musst. Das sind Wörter, bei denen du nach einem kurzen Blick sofort weißt, was sie bedeuten. Je größer dein Sichtwortschatz ist, desto leichter wird dir das Lesen fallen. Dann kann beim Lesen richtiges Kino in deinem Kopf entstehen!

Übrigens: Wenn du ein Wort nicht kennst, musst du nachfragen! Es ist sehr schlau, Fragen zu stellen!

# Lesen ist der Schlüssel

Lesen ist der Schlüssel
www.trauner.at/Lesen_ist_der_Schluessel

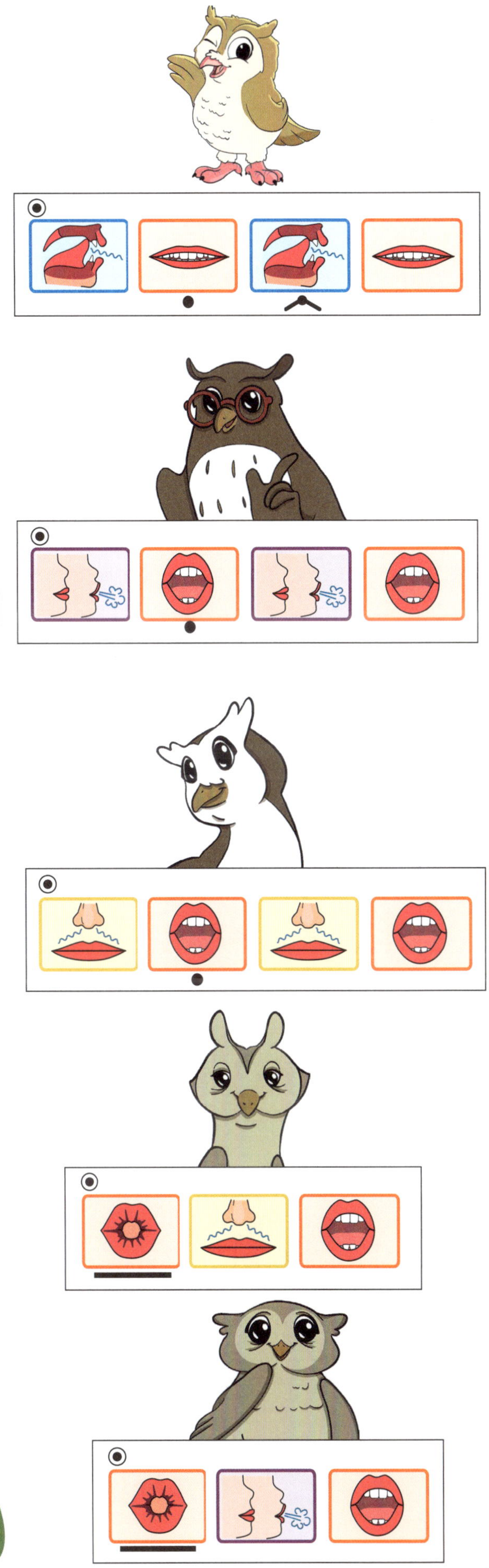

Lilli, Papa, Mama, Oma, Opa

7

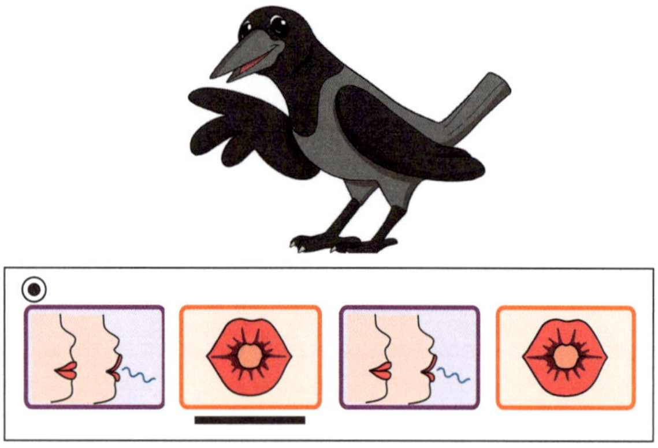

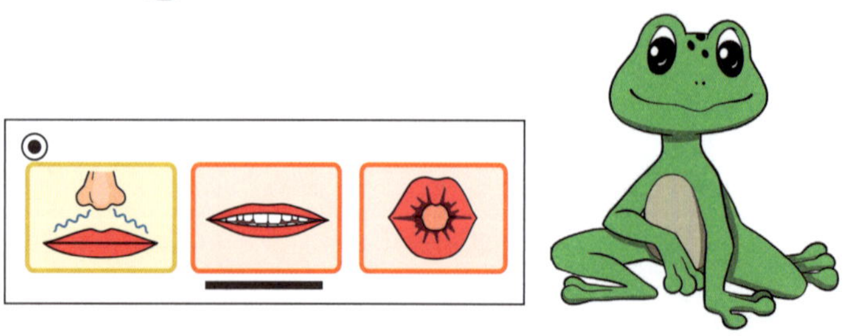

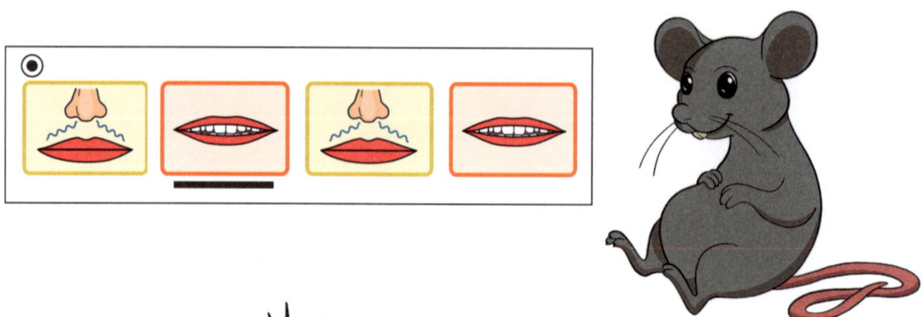

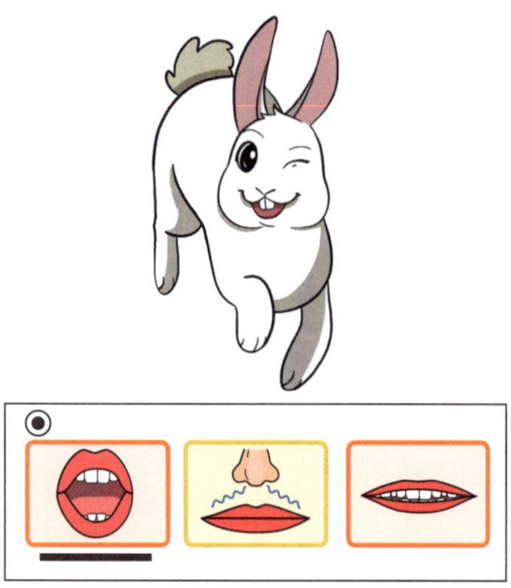

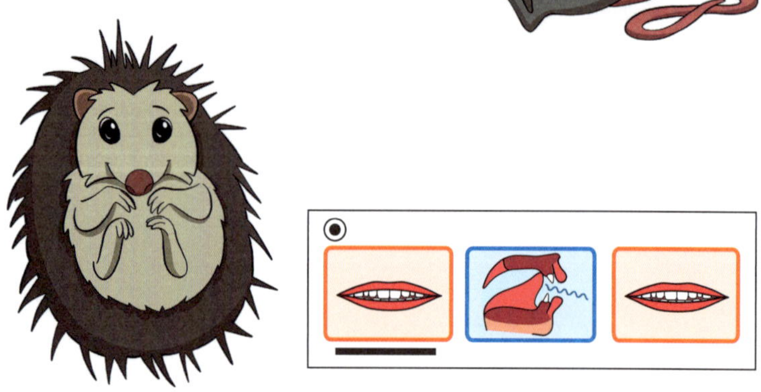

7 Bobo, Lilli, Ama, Oli, Mio, Mimi, Ami, Iii

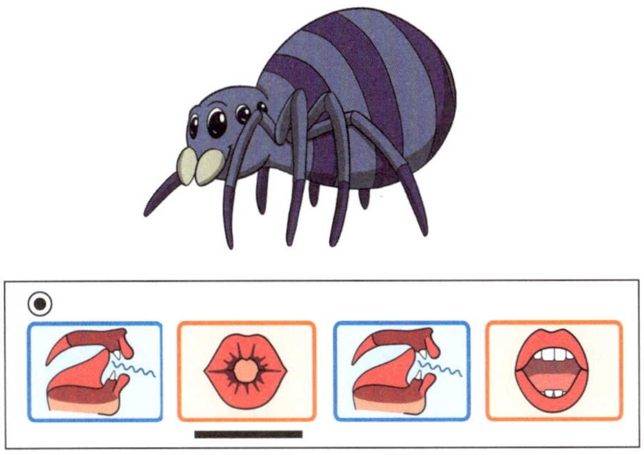

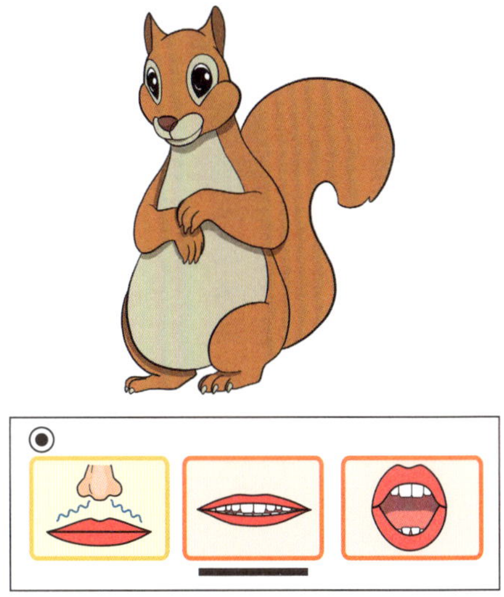

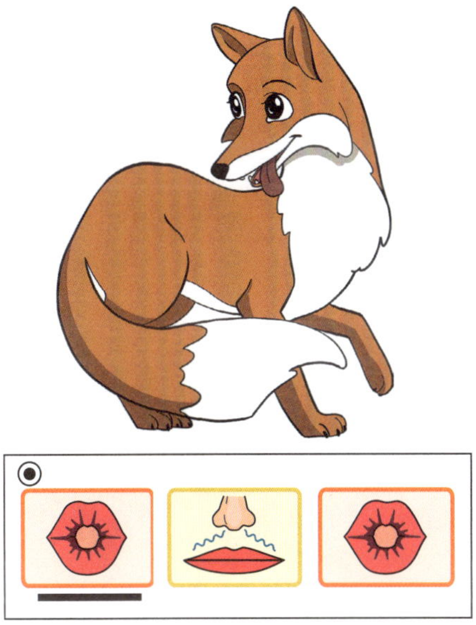

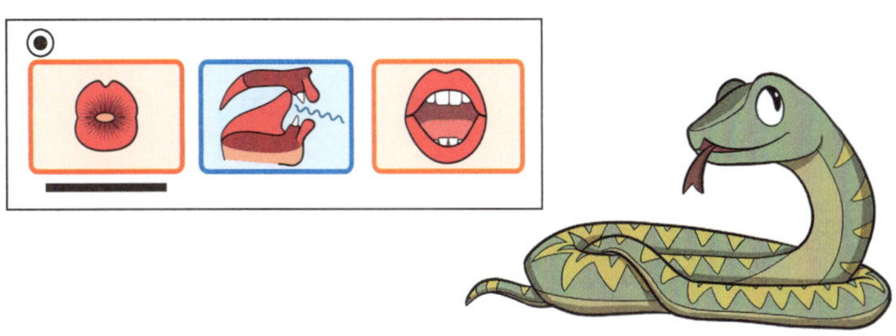

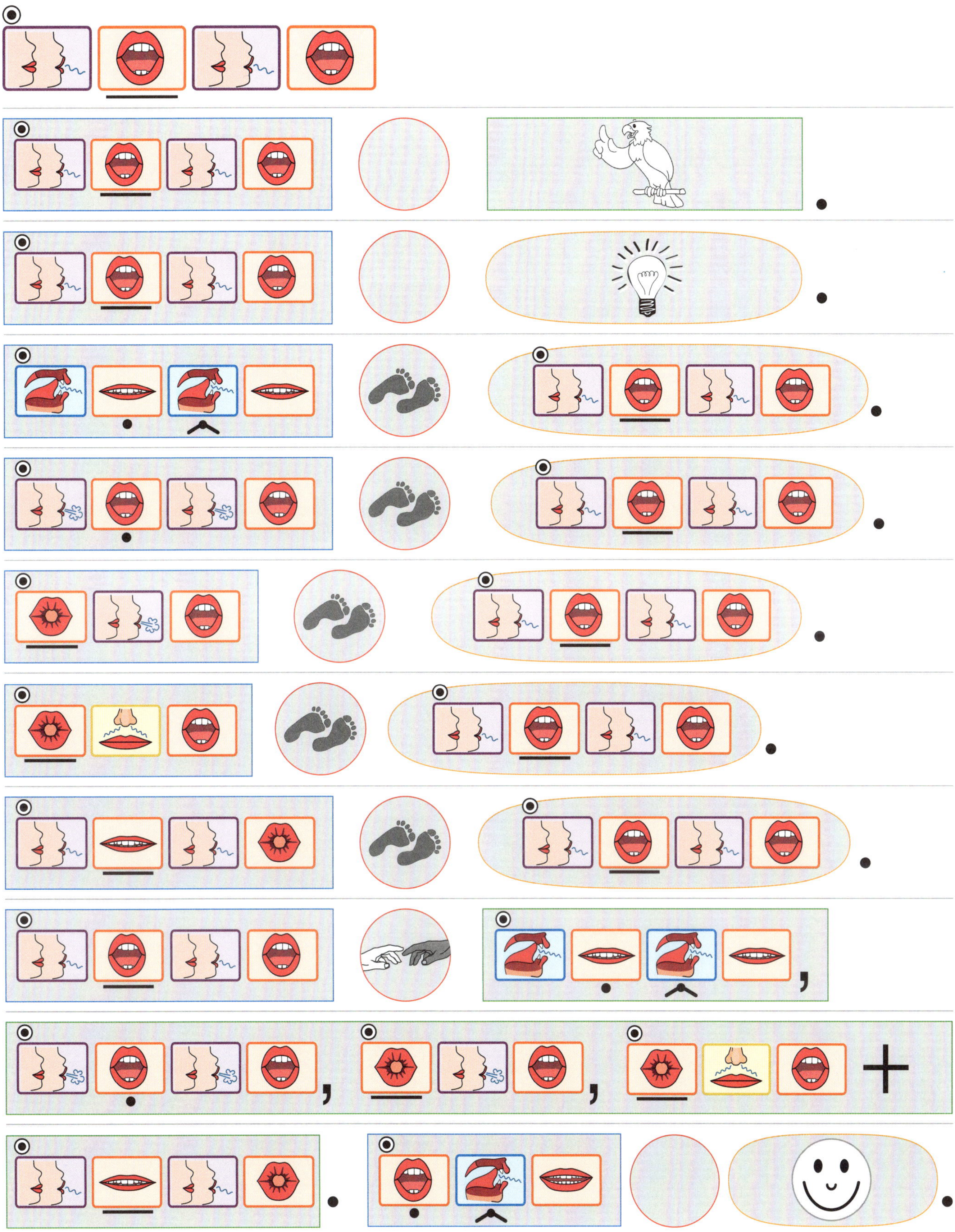

Baba – Baba ist ein Adler. Baba ist klug. Lilli geht zu Baba. Papa geht zu Baba. Opa geht zu Baba. Oma geht zu Baba. Baba hilft Lilli, Papa, Opa, Oma und Bibo. Alle sind froh.

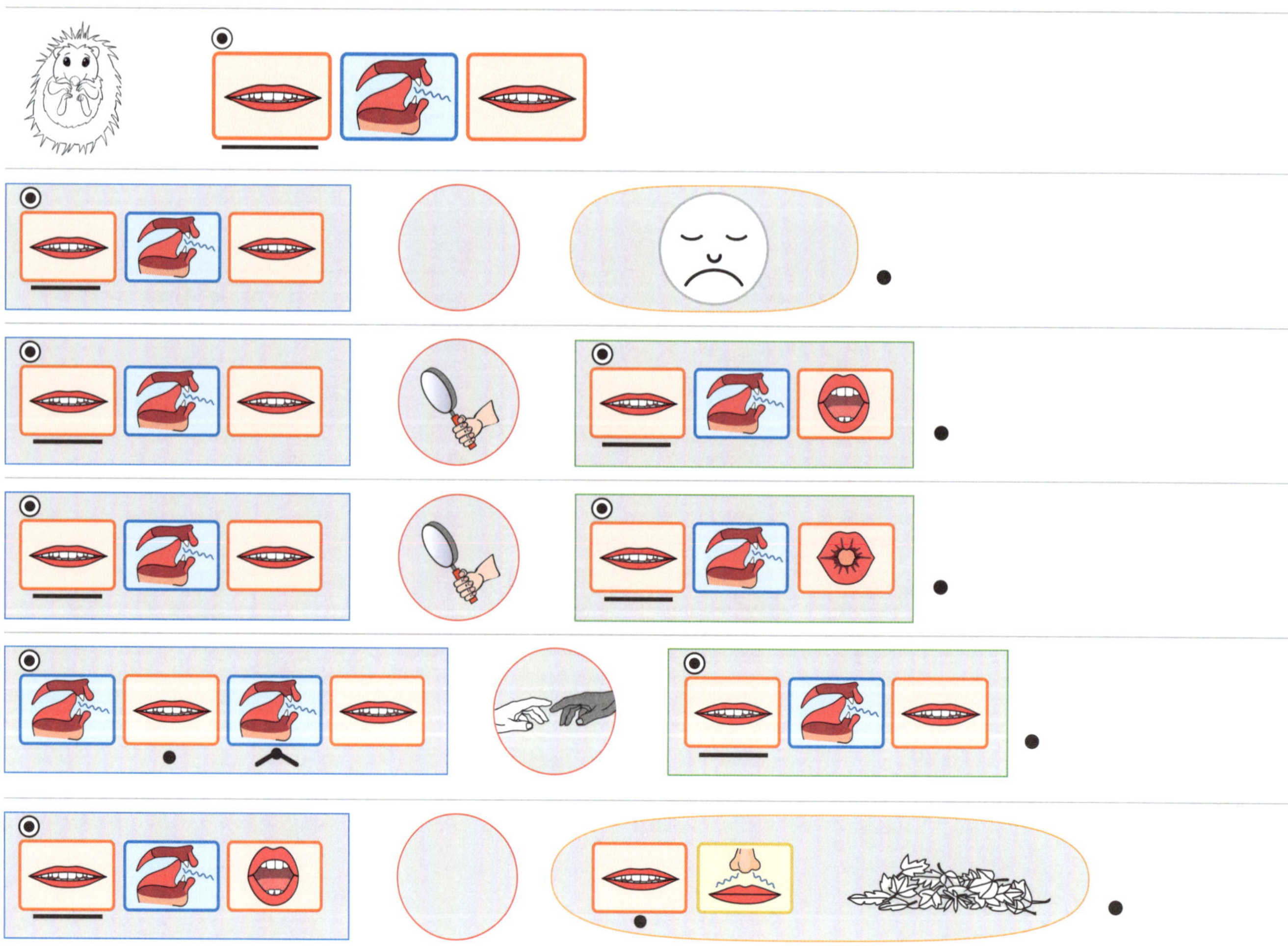

Ili ist traurig. Ili sucht Ila. Ili sucht Ilo. Lilli hilft Ili. Ila ist im Laubhaufen.

Igel Ili

L, Entrepreneurship Education, Gesundheitsförderung, Eigene/fremde Gefühle wahrnehmen, Empathie, Verantwortung übernehmen

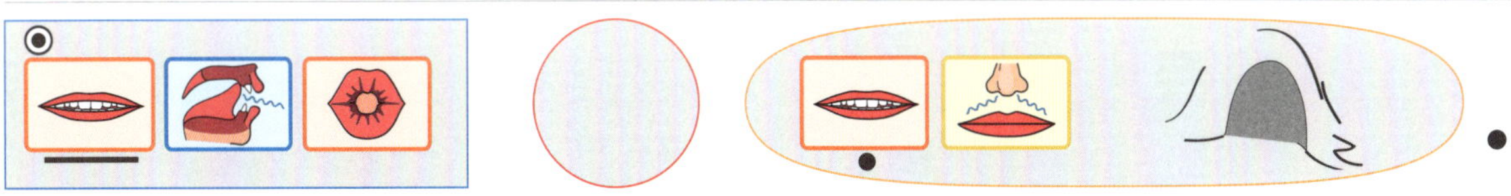

1 Lies und male die Kreise richtig an!

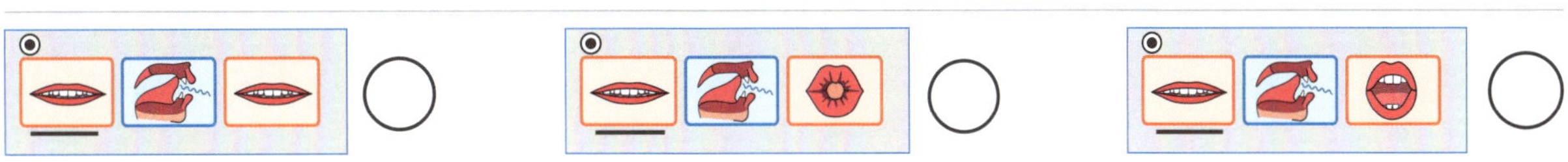

L

Ilo ist im Mäuseloch. Ili ist glücklich.

Übung 1: Ili, Ilo, Ila

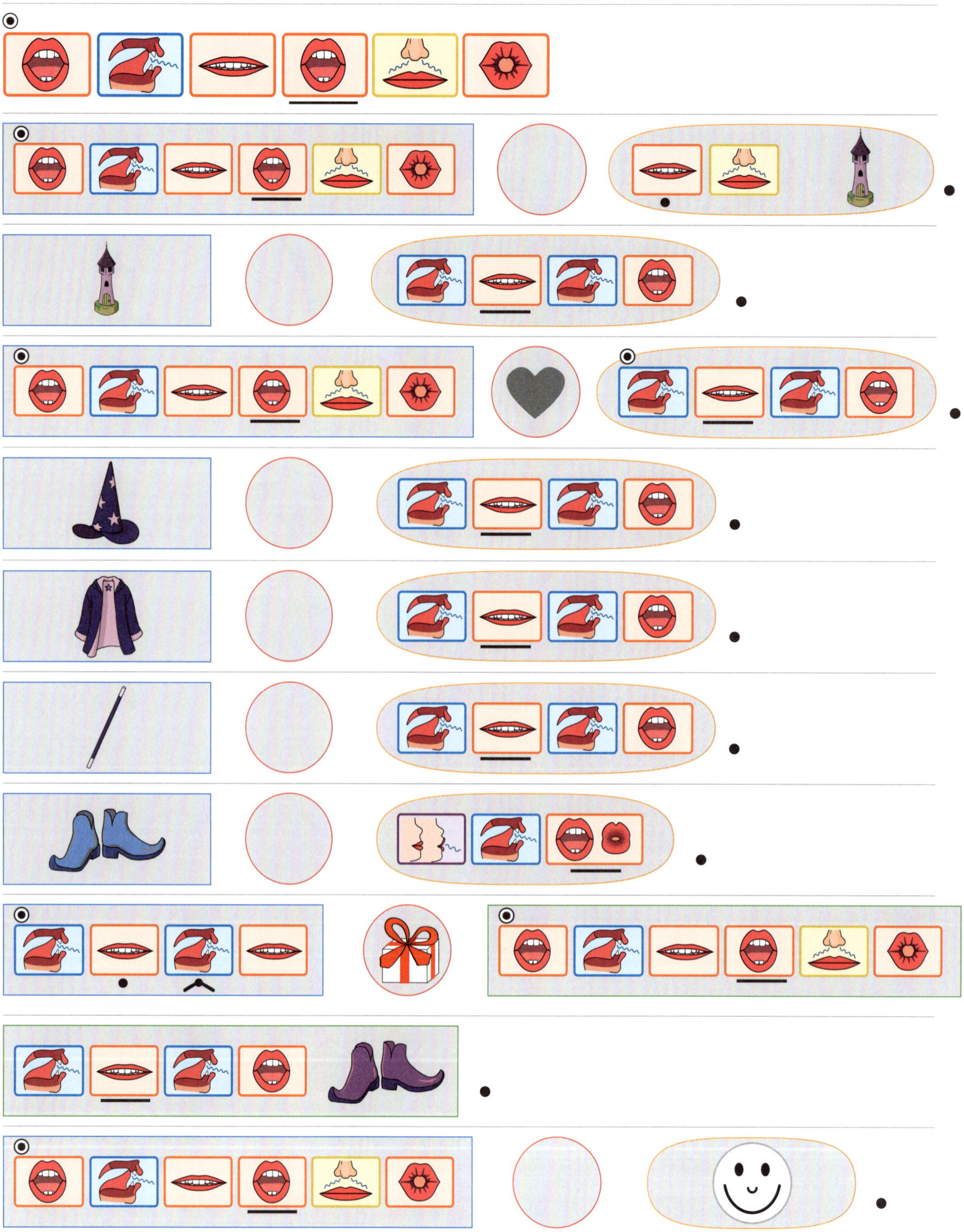

Aliamo – Aliamo ist im Turm. Der Turm ist lila. Aliamo liebt Lila. Sein Zauberhut ist lila. Sein Zauberumhang ist lila.
Sein Zauberstab ist lila. Seine Schuhe sind blau. Lilli schenkt Aliamo lila Schuhe. Aliamo ist glücklich.

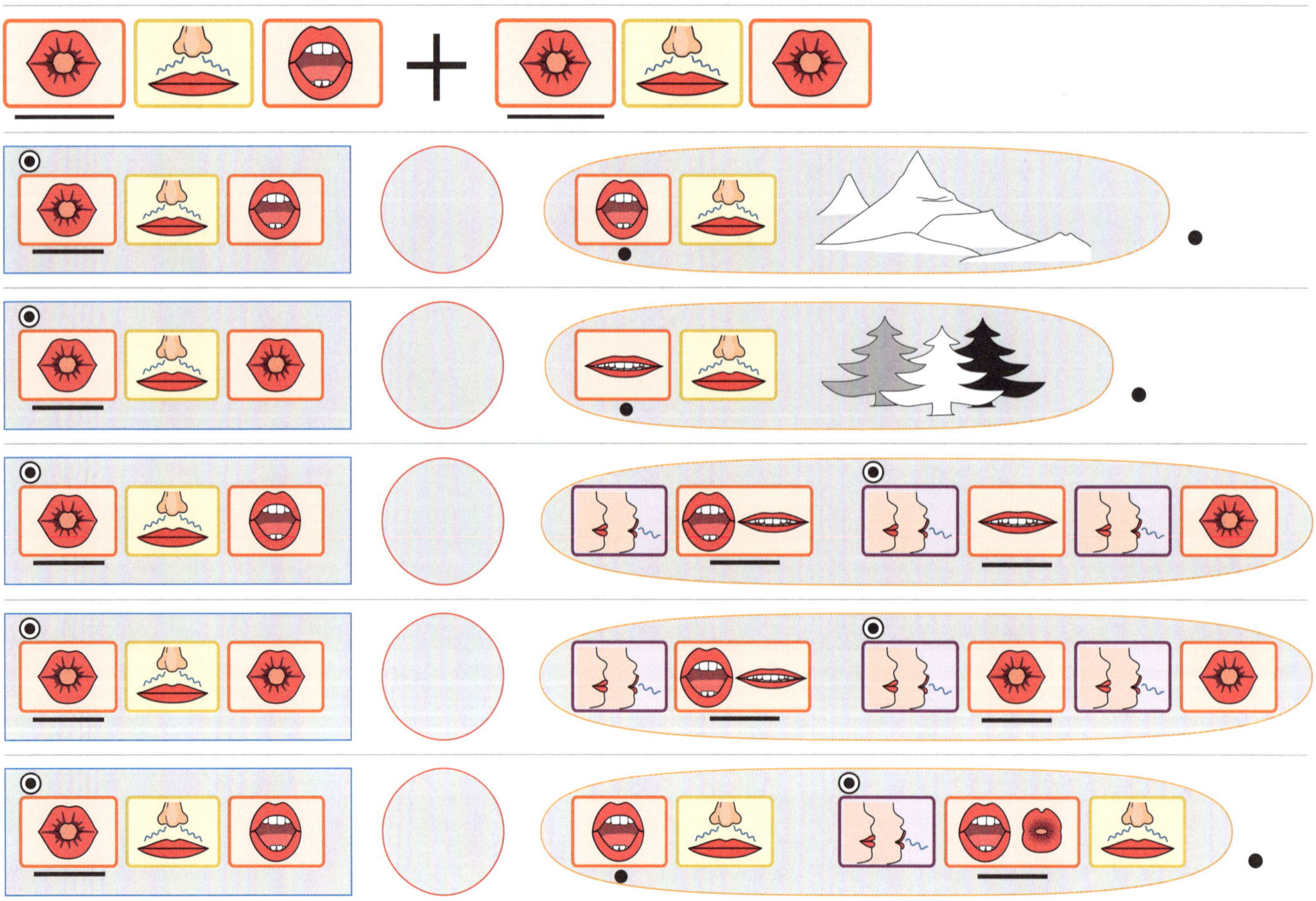

Oma ist am Berg. Omo ist im Wald. Oma ist bei Bibo. Omo ist bei Bobo. Oma ist am Baum.

Oma und Omo

7

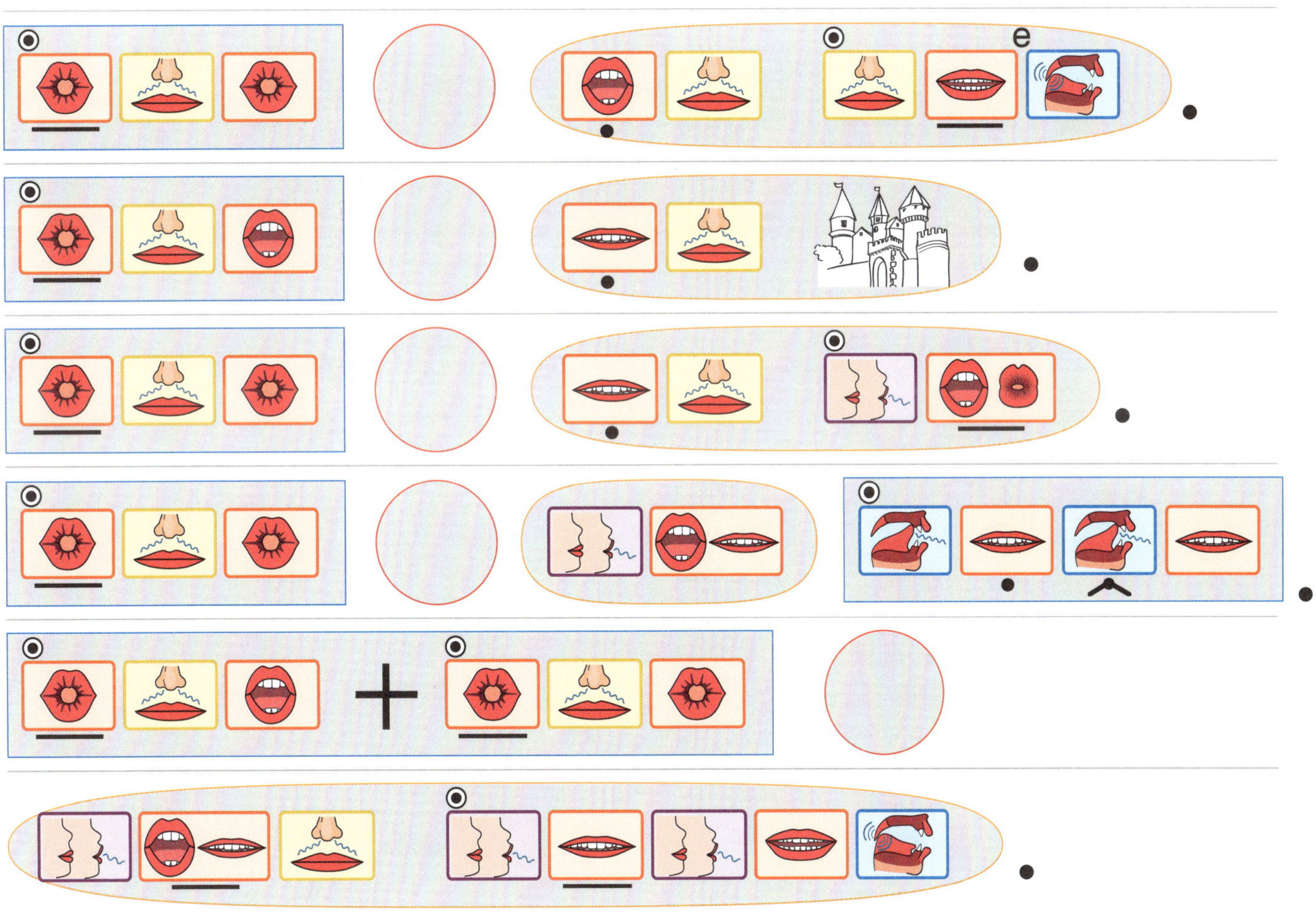


Omo ist am Meer. Oma ist im Schloss. Omo ist im Bau.

Oma ist bei Lilli. Oma und Omo sind beim Biber.

7

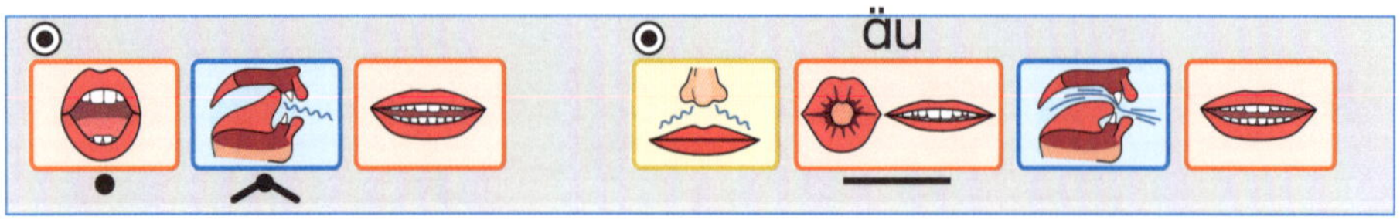


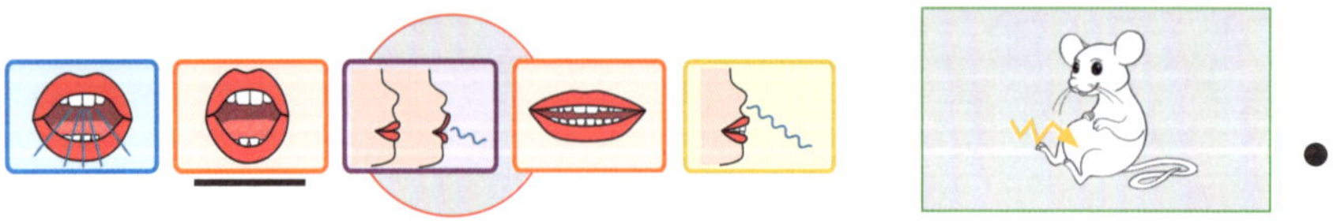

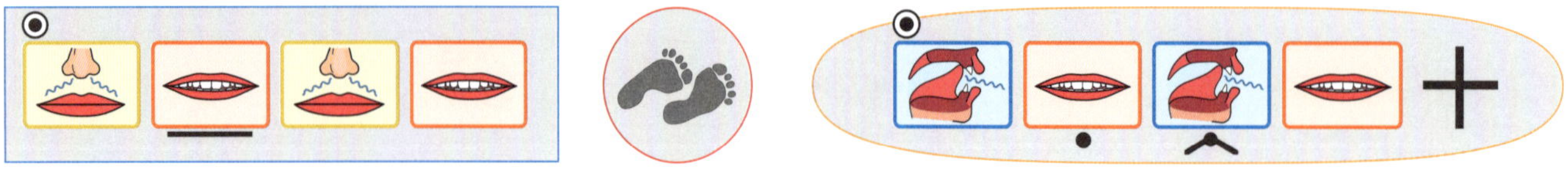

Alle Mäuse haben Bauchweh, Mimi geht zu Lilli

Bauchweh

L, Gesundheitsförderung

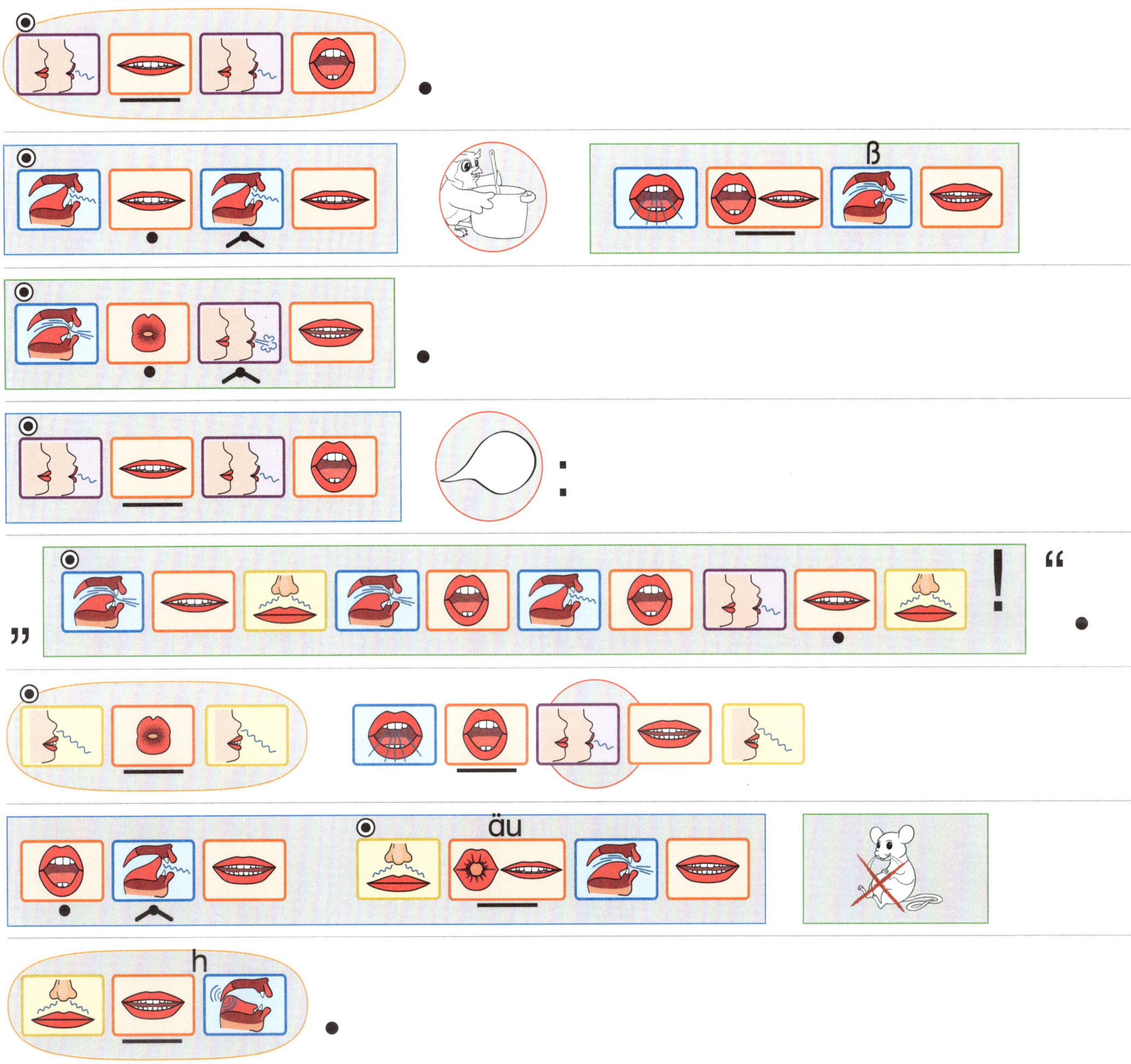


**1** Vier Namen sind keine Mäusenamen. Kreise sie ein!

Mio Mimi Momi Lilli

Momo Mimo Oli Ili

und Biba. Lilli kocht heiße Suppe. Biba spricht: „Simsalabim!"
Nun haben alle Mäuse kein Bauchweh mehr.

L, Entrepreneurship Education, Gesundheitsförderung, Eigene/Fremde Gefühle wahrnehmen, Empathie, Verantwortung übernehmen

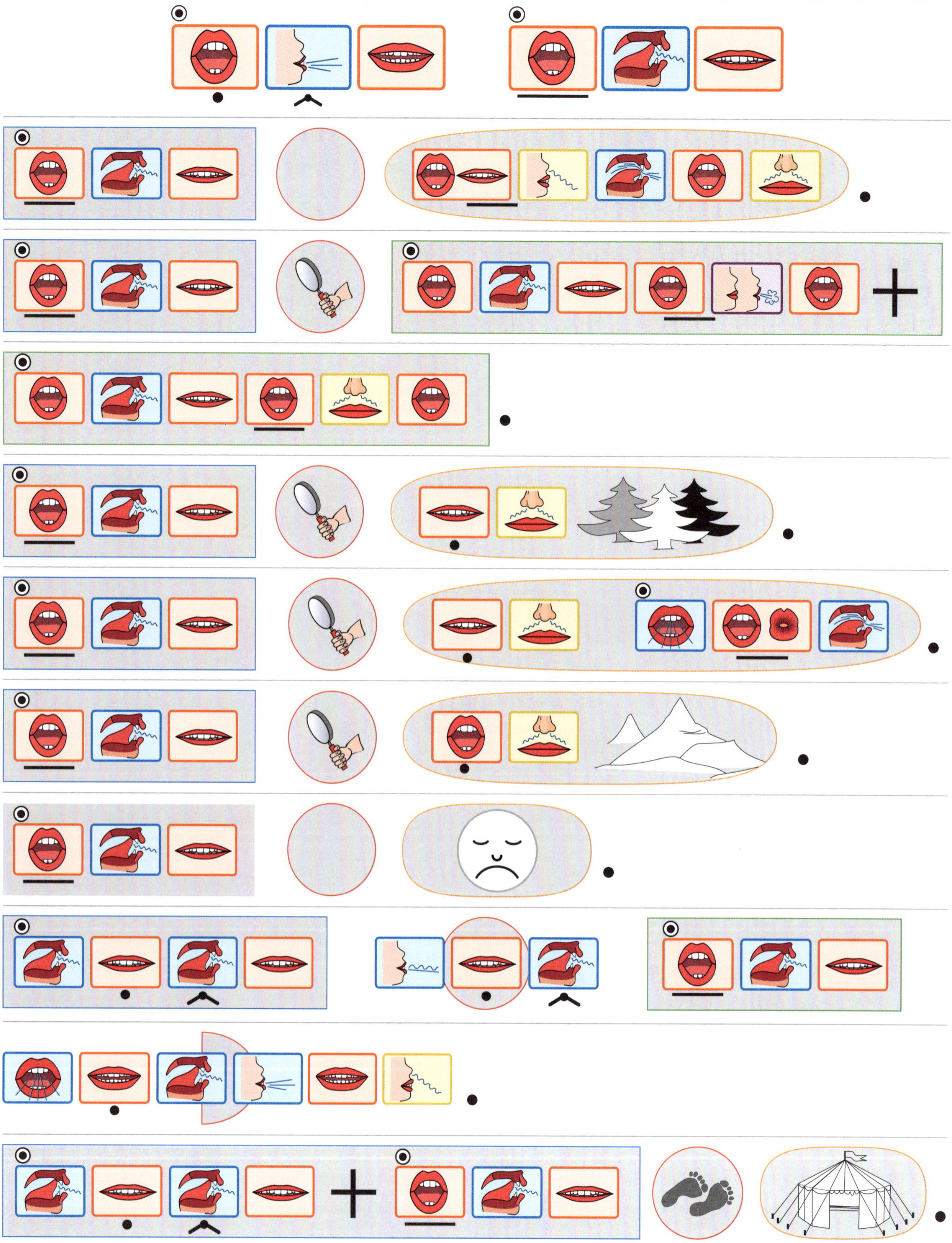

Affe Ali – Ali ist einsam. Ali sucht Aliama und Aliapa. Ali sucht im Wald. Ali sucht im Haus. Ali sucht am Berg.
Ali ist traurig. Lilli will Ali helfen. Lilli und Ali gehen zum Zirkuszelt.

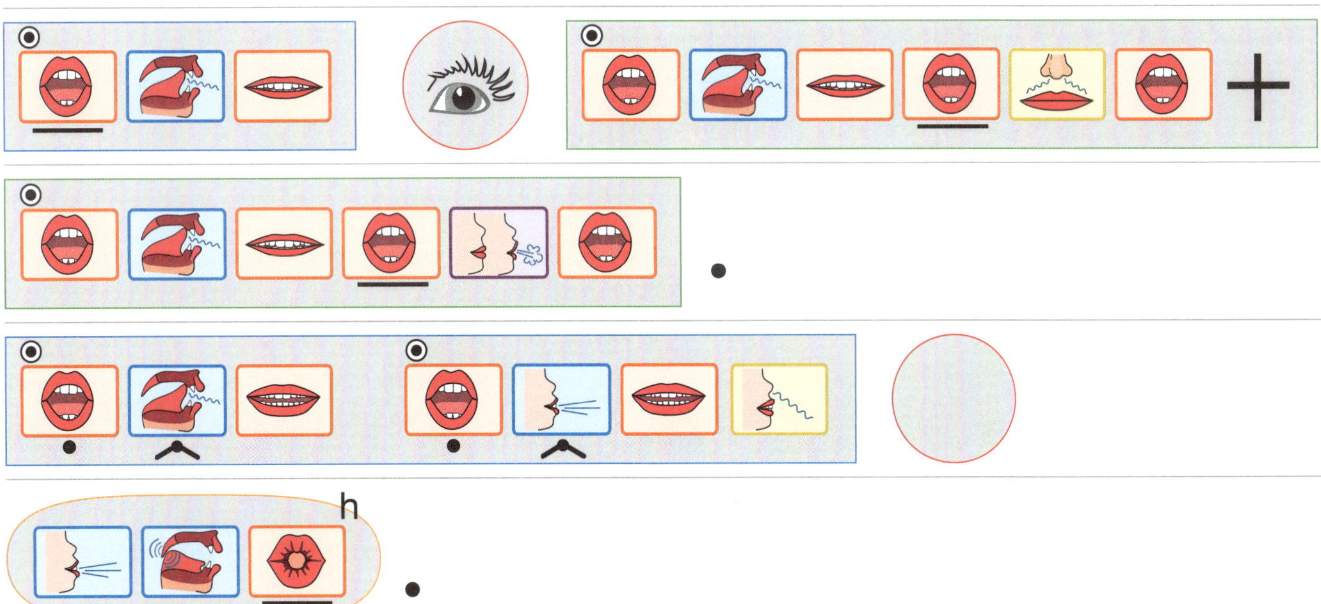


L, HS

Ali sieht Aliama und Aliapa.

Alle Affen sind froh.

**1** Findest du im Buchstabensalat die 10 Namen von Lillis Freunden?
Male die Kästchen an!

| L | L | O | A | l | i | M | L | M | i | m | i | L | M | M | L |
|---|---|---|---|---|---|---|---|---|---|---|---|---|---|---|---|
| M | i | o | A | A | M | M | L | L | M | O | O | O | l | i | M |
| M | L | L | M | L | o | l | a | M | A | A | O | L | A | m | i |
| M | M | i | a | L | L | M | M | O | A | m | a | O | M | L | O |
| O | O | L | A | O | m | o | L | L | M | M | I | l | i | O | M |

**2** Bakabu hat sich ein Lied ausgedacht. Höre zu und sing mit!

Geburtstags-Party

Was ist heut' für ein Tag?
Was ist heut' für ein Tag?
Was ist heut' für ein Tag?
Was ist heut' für ein Tag? Ja!
Du hast heut' Geburtstag:
Bumtschakabum!
Wir feiern eine Party:
Bumtschakabum! …

L

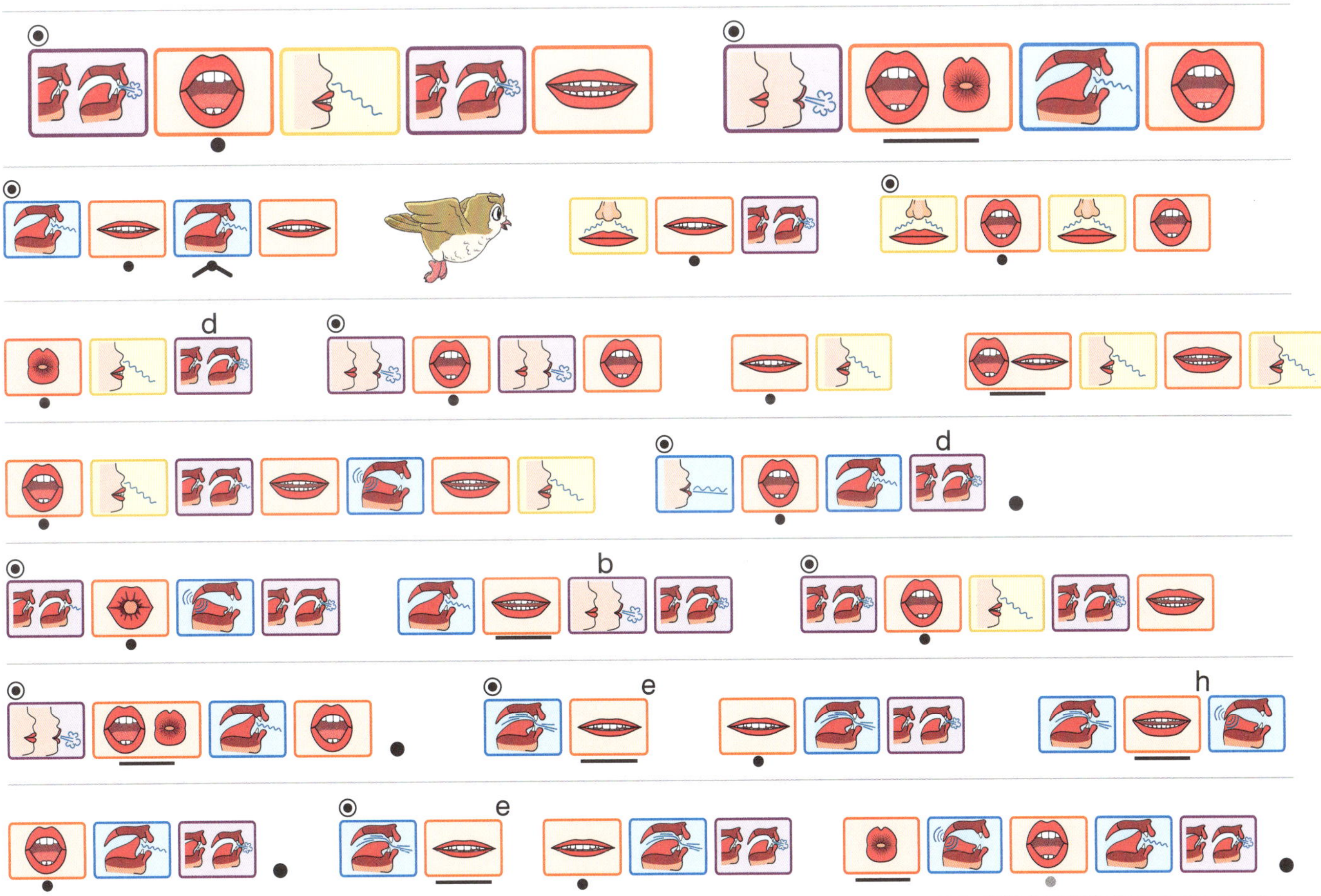


7

Tante Paula

Lilli fliegt mit Mama und Papa in einen anderen Wald. Dort lebt Tante Paula. Sie ist sehr alt. Sie ist uralt.

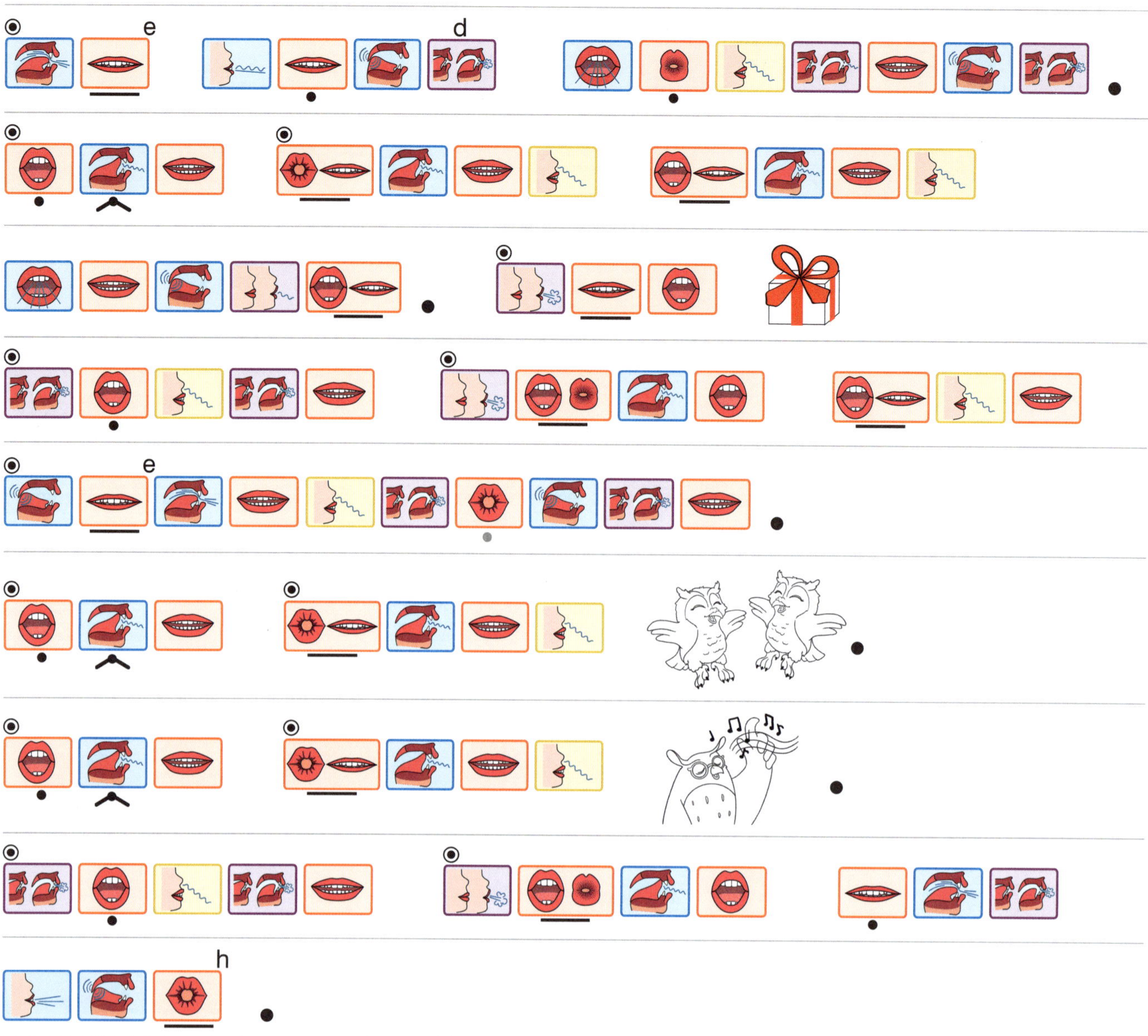


**1** Kreise ein, wer mit Tante Paula Geburtstag feiert!

Oma Mimi Mio Papa

Mia Mama Oli

Opa Lilli

Ami Pia Ili Lola

Alle Eulen singen. Tante Paula ist froh.

Sie wird hundert. Alle Eulen eilen herbei. Pia schenkt Tante Paula eine Riesentorte. Alle Eulen tanzen.

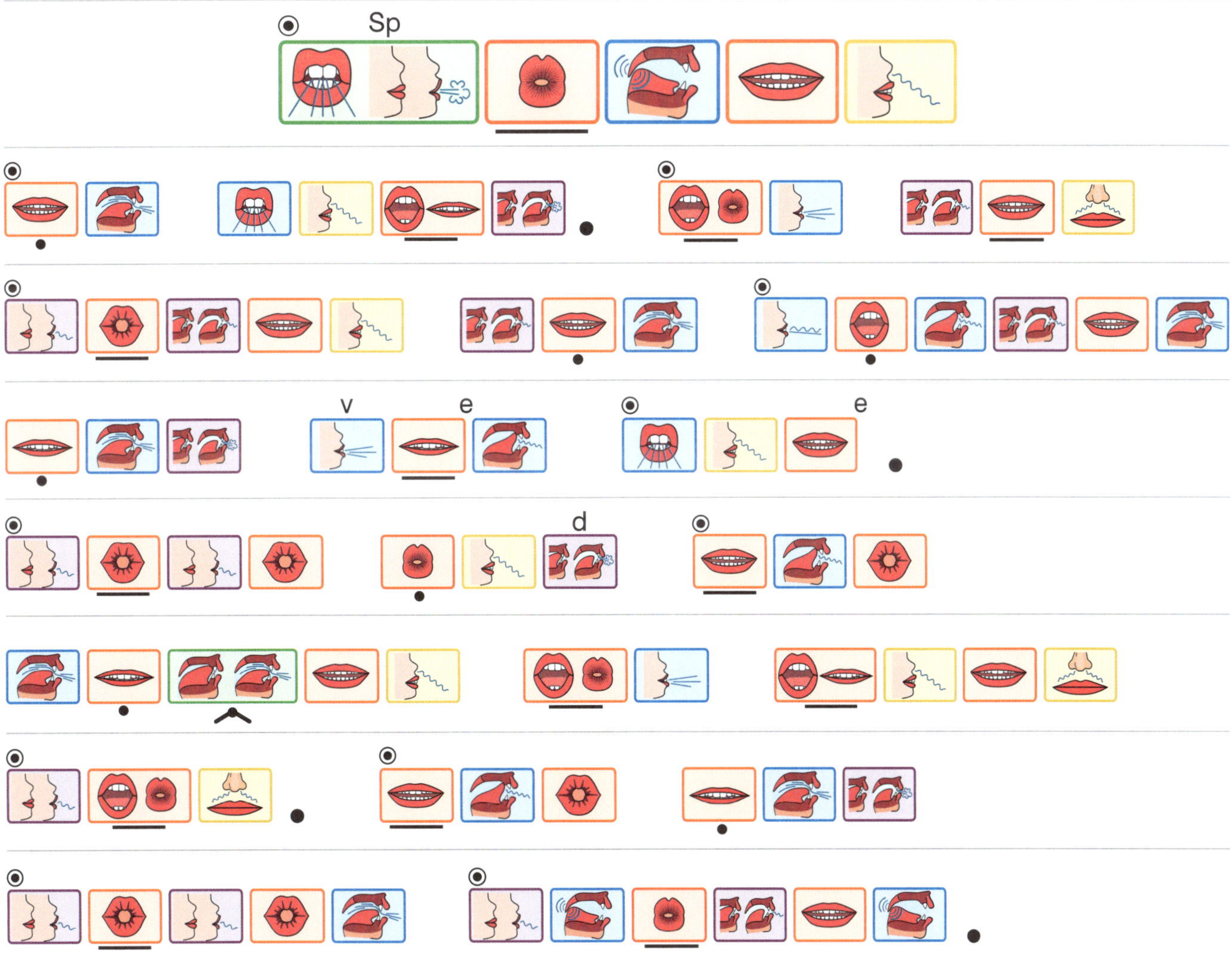


Es schneit. Auf dem Boden des Waldes ist viel Schnee. Bobo und Elo sitzen auf einem Baum. Elo ist Bobos Bruder.

Spuren

L, Umweltbildung

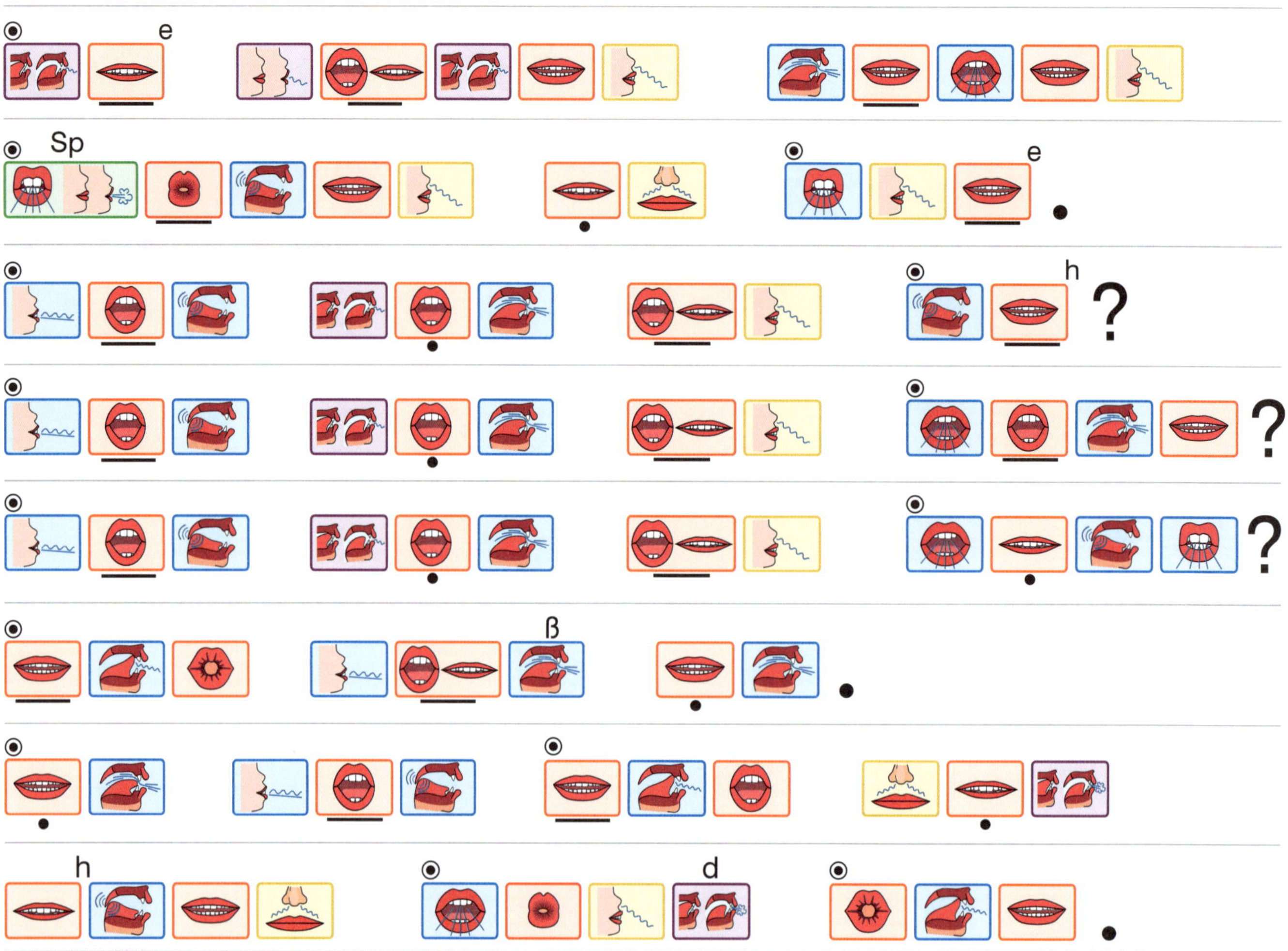

1 Lies und streiche die falschen Wörter durch!

Ela Elo Eli Ela Ele Elo Ela Elil

Ela Elo Eli Ela Elo Ela Ele Ela

Oli Ole Ola Ole Olo Ole Oli Ole

Die beiden sehen Spuren im Schnee. War das ein Reh?
War das ein Hase? War das ein Hirsch? Elo weiß es. Es war Ela mit ihrem Hund Ole.



L, Umweltbildung

## 1

Lies und kreuze richtig an!

| | ✓ | X |
|---|---|---|

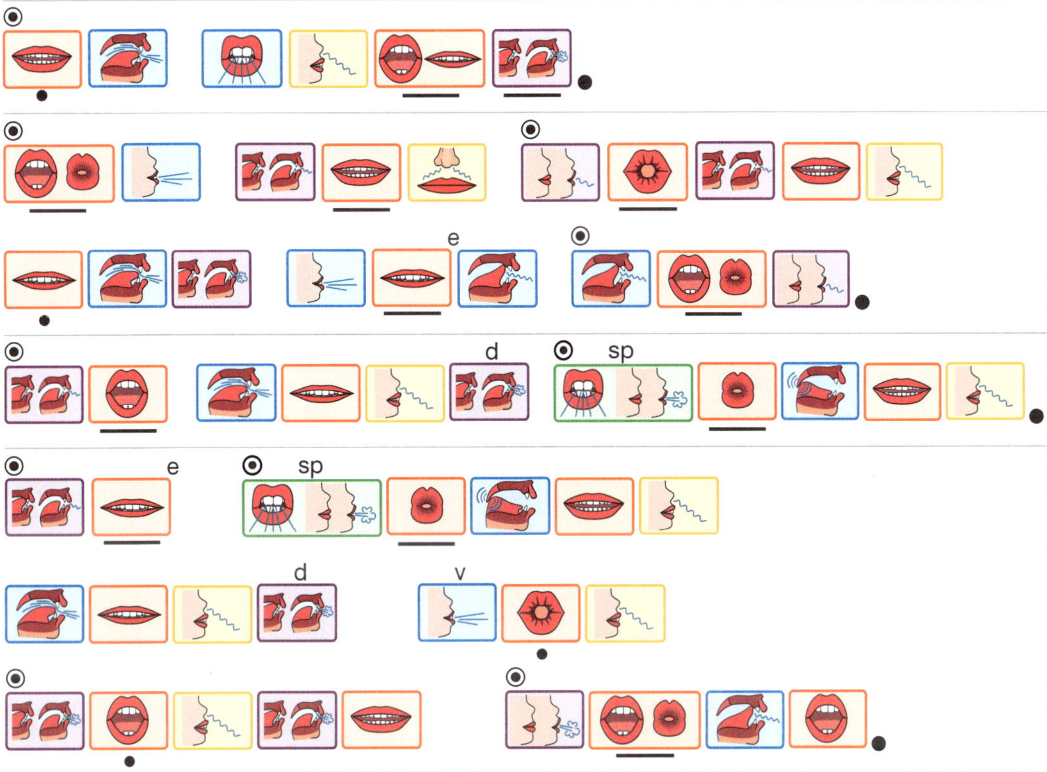


## 2

Lies und streiche die falschen Wörter durch!

| Lapme | Lampe | Lempa | Lampe | Lampe |
|---|---|---|---|---|

| Palme | Plame | Palme | Palme | Pelma |
|---|---|---|---|---|

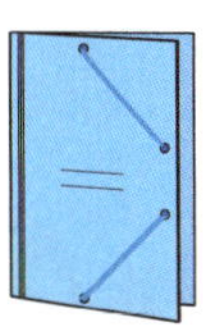

| Moppe | Mappe | Mappe | Mappi | Mappe |
|---|---|---|---|---|

| Ampel | Apmel | Ampel | Ample | Ampel |
|---|---|---|---|---|

Da sind Spuren. Die Spuren sind von Tante Paula.

Es schneit. Auf dem Boden ist viel Laub.

L

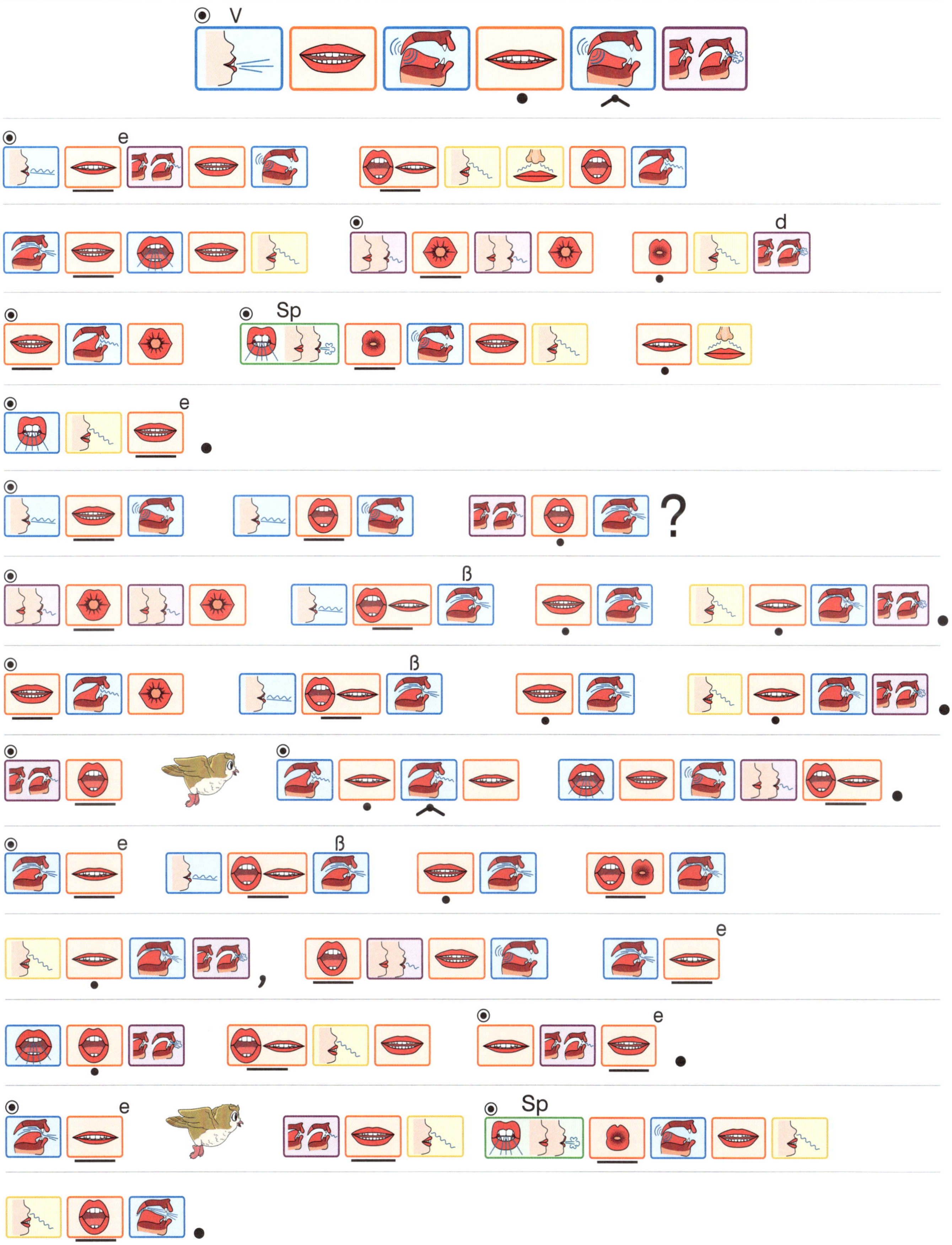


Verirrt – Wieder einmal sehen Bobo und Elo Spuren im Schnee. Wer war das? Bobo weiß es nicht.
Elo weiß es nicht. Da fliegt Lilli herbei. Sie weiß es auch nicht, aber sie hat eine Idee. Sie fliegt den Spuren nach.

L, Entrepreneurship Education

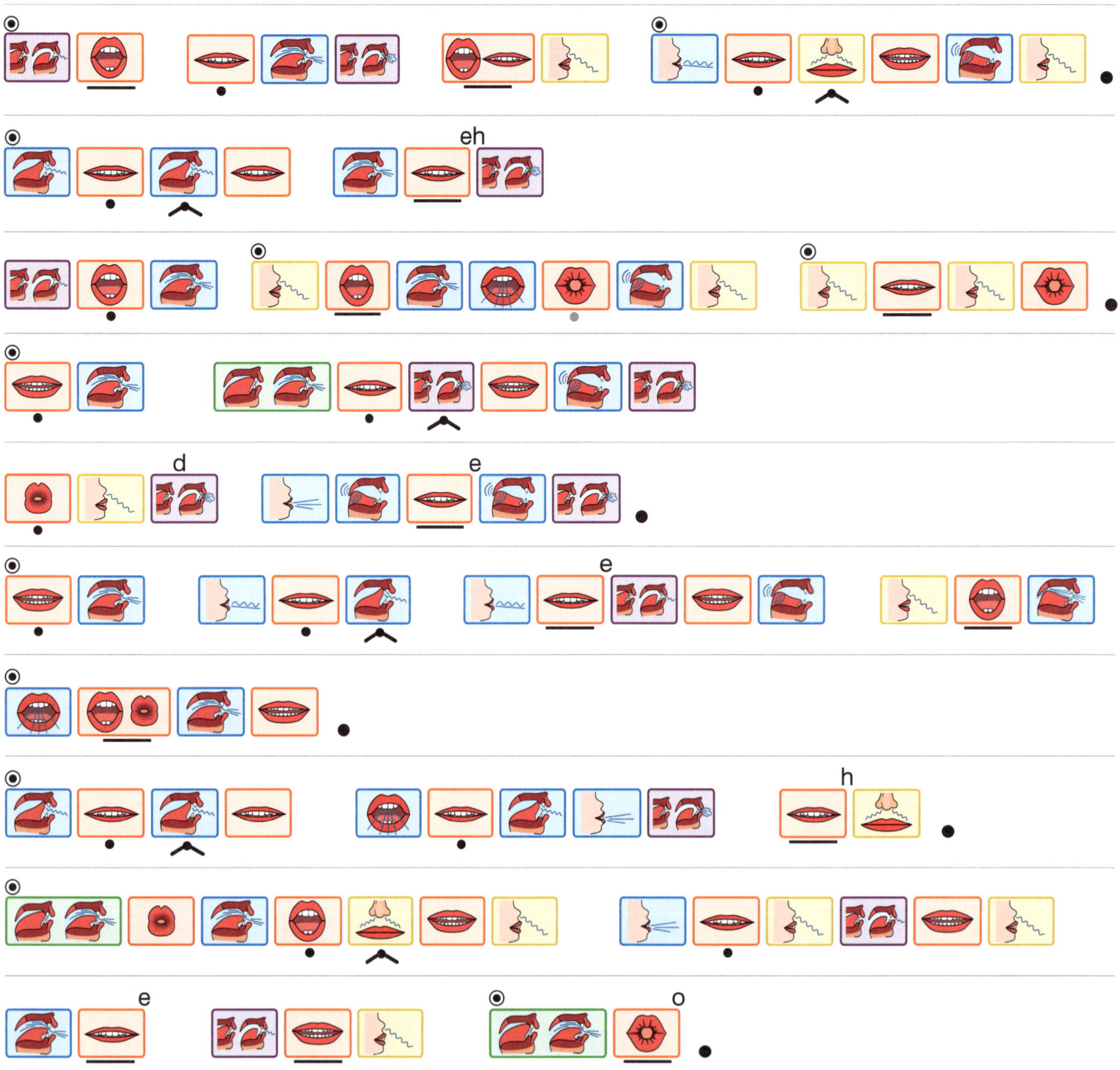


**1** Welche Namen findest du in der Geschichte?

| Elo | Mia | Lilli | Ela | Aliamo | Nino | Ali |
|---|---|---|---|---|---|---|

Da ist ein Wimmern. Lilli sieht das Nashorn Nino. Es zittert. Es friert. Es will wieder nach Hause.
Lilli hilft ihm. Zusammen finden sie den Zoo.

**1** Beantworte die Fragen!

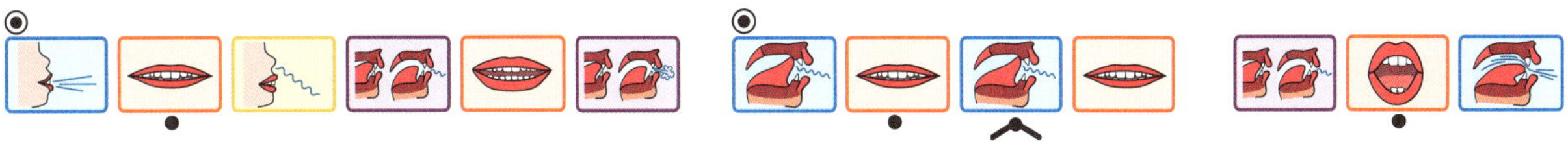

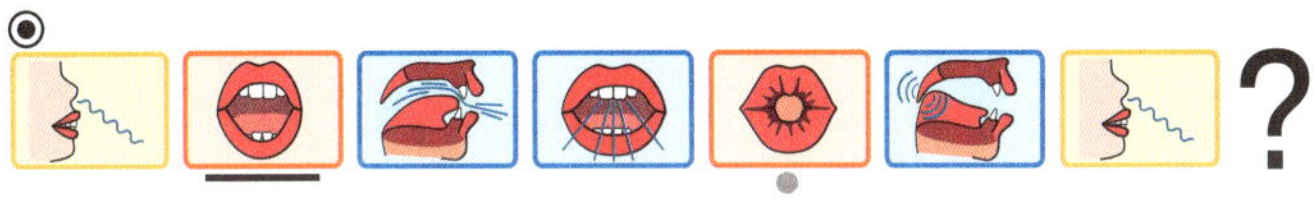

| | ✓ | x |
|---|---|---|

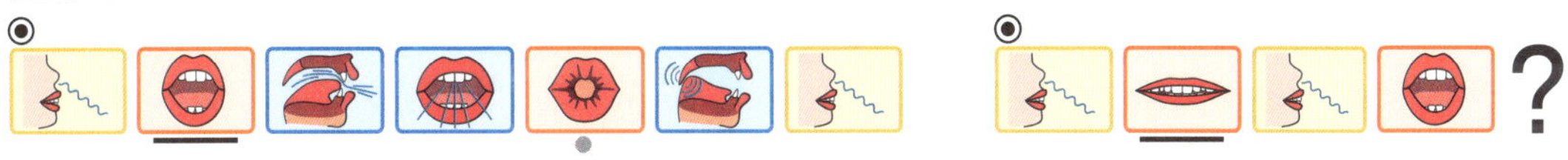

| | ✓ | x |
|---|---|---|

**2** Bakabu hat sich ein Lied ausgedacht. Höre zu und sing mit!

Zoo-Lied

Ich und du und Bakabu,
komm doch einfach mit dazu.
Wir sind so froh,
denn wir gehen heut' in den Zoo. …

Heißt das Nashorn Nina?

Findet Lilli das Nashorn?

L, HS, Informatische Bildung

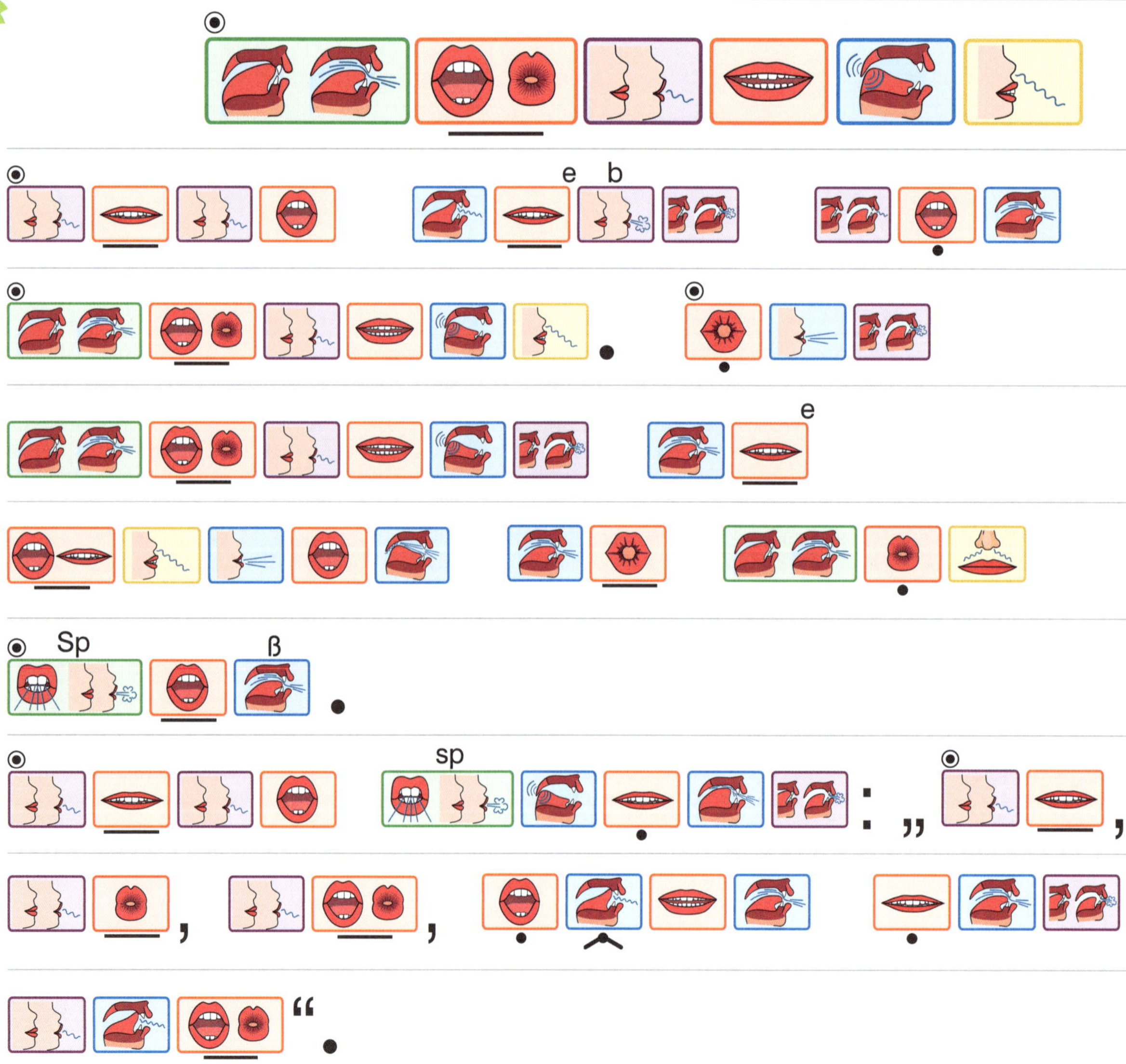


Biba liebt das Zaubern. Oft zaubert sie einfach so zum Spaß. Biba spricht: „Bi, bu, bau, alles ist blau.“

Zaubern

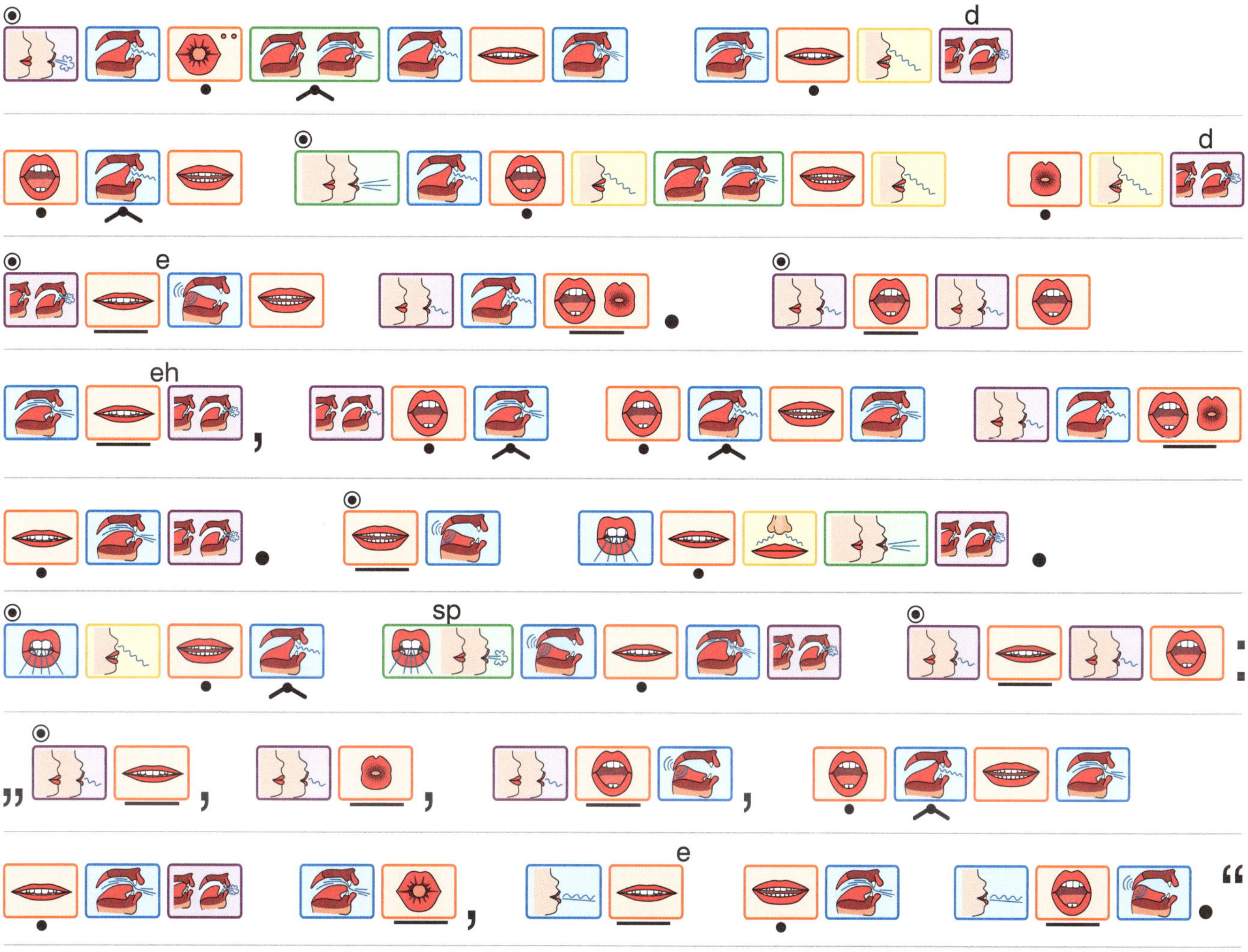


**1** Auch diese Dinge hat Biba blau gezaubert. Lies! Streiche falsche Wörter durch!

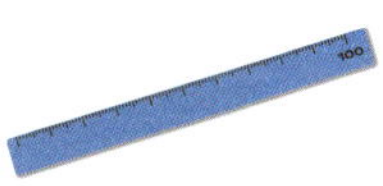

| | | | | | |
|---|---|---|---|---|---|
| Lineal | Lineal | Lenial | Linael | Lineal | |
| Ballon | Ballon | Ballan | Bollan | Ballon | |
| Banena | Banane | Bonane | Banane | Banane | |
| Biba | Bibo | Babi | Bibi | Biba | Baba |

Plötzlich sind alle Pflanzen und Tiere blau. Baba sieht, dass alles blau ist.
Er schimpft. Schnell spricht Biba: „Bi, bu, bar, alles ist so, wie es war."

L

Umweltbildung

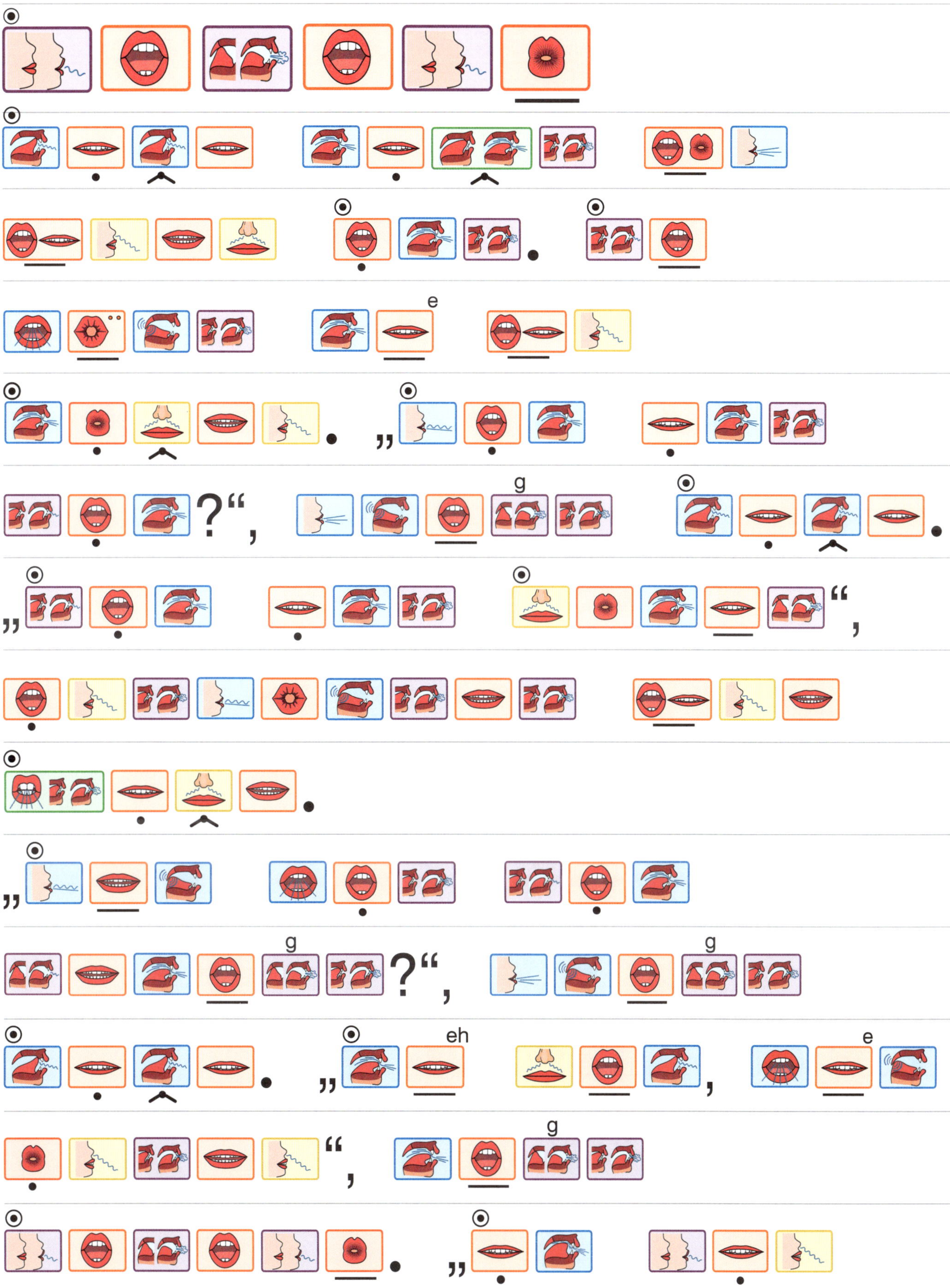

Lilli sitzt auf einem Ast. Da hört sie ein Summen. „Was ist das?", fragt Lilli. „Das ist Musik", antwortet eine Stimme.
„Wer hat das gesagt?", fragt Lilli. „Sieh mal, hier unten", sagt Bakabu. „Ich bin

L, Interkulturelle Bildung

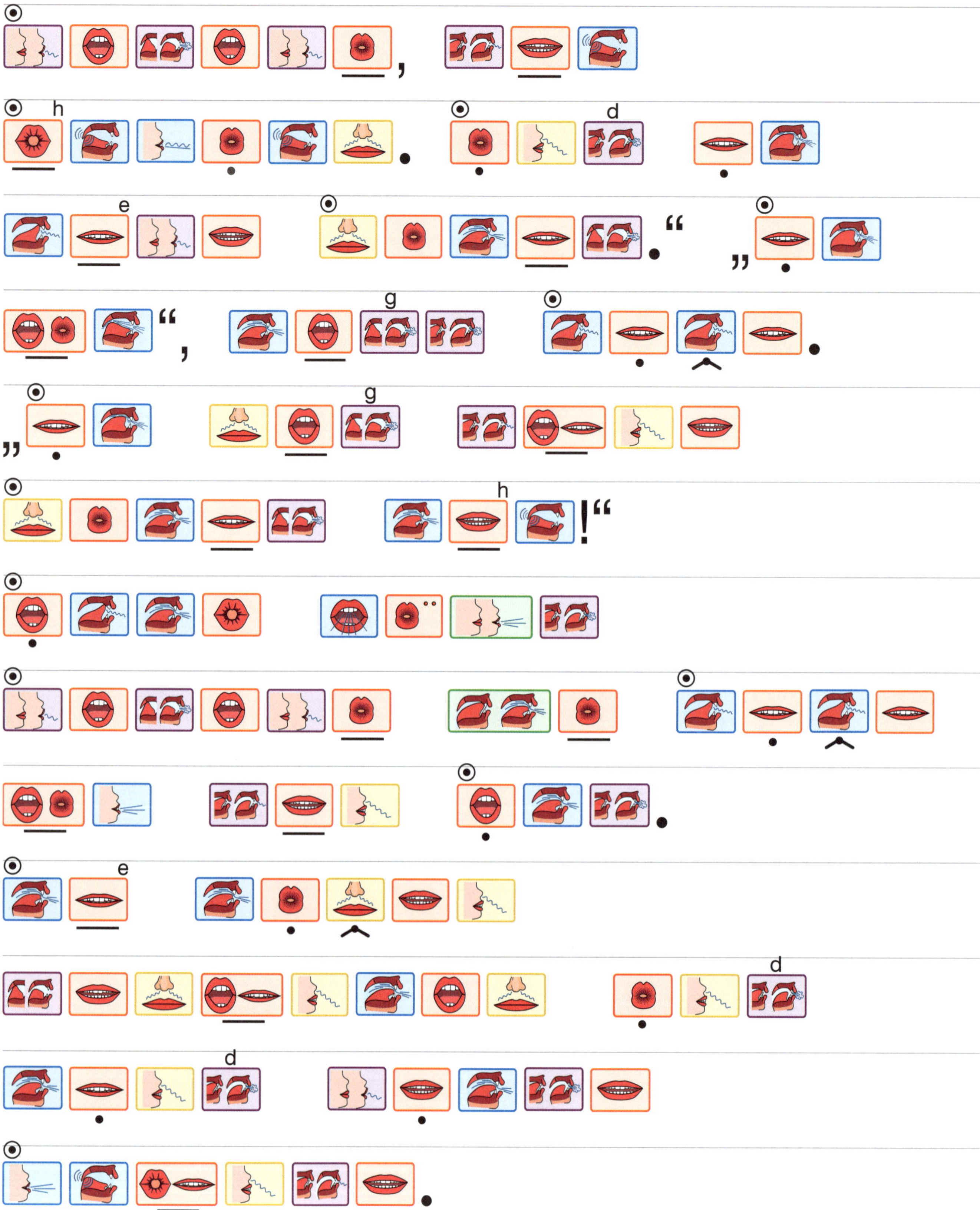

L

Bakabu, der Ohrwurm. Und ich liebe Musik." „Ich auch", sagt Lilli. „Ich mag deine Musik sehr."
Also hüpft Bakabu zu Lilli auf den Ast. Sie summen gemeinsam und sind beste Freunde.

## 1 Kreuze an! Wer ist Bakabu?

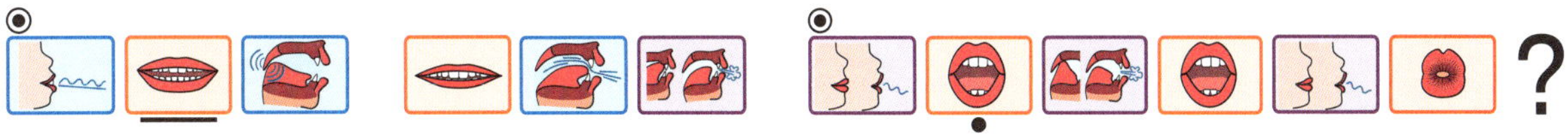

|  |  | 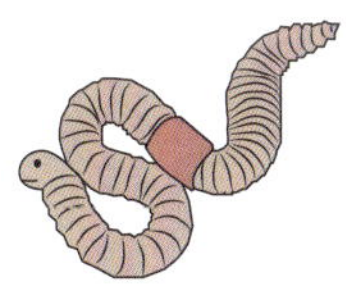 | 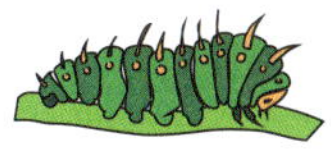 |
|---|---|---|---|
| ○ | ○ | ○ | ○ |

## 2 Kreuze an! Was ist Bakabu?

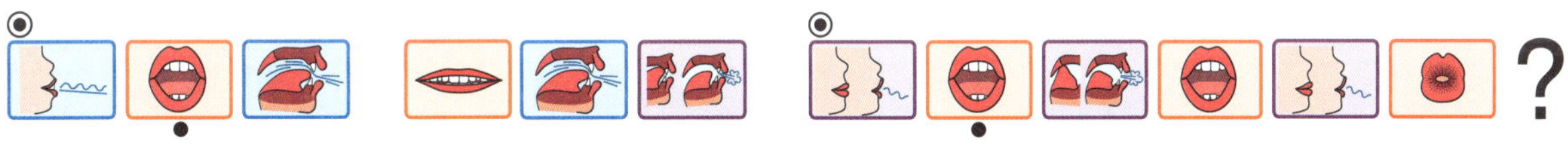

|  | 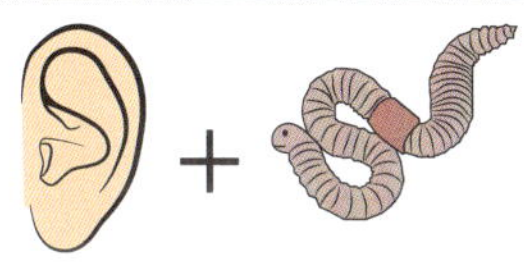 |
|---|---|
| ○ | ○ |

## 3 Bakabu hat sich ein Lied ausgedacht. Höre zu und sing mit!

Ich sing' ein schönes Lied

Der Affe kann von Baum zu Baum schwingen.
Die Schlange will sich um den Ast schlingen.
Und ich mag so gern ein Lied singen. …

# Ula in Not

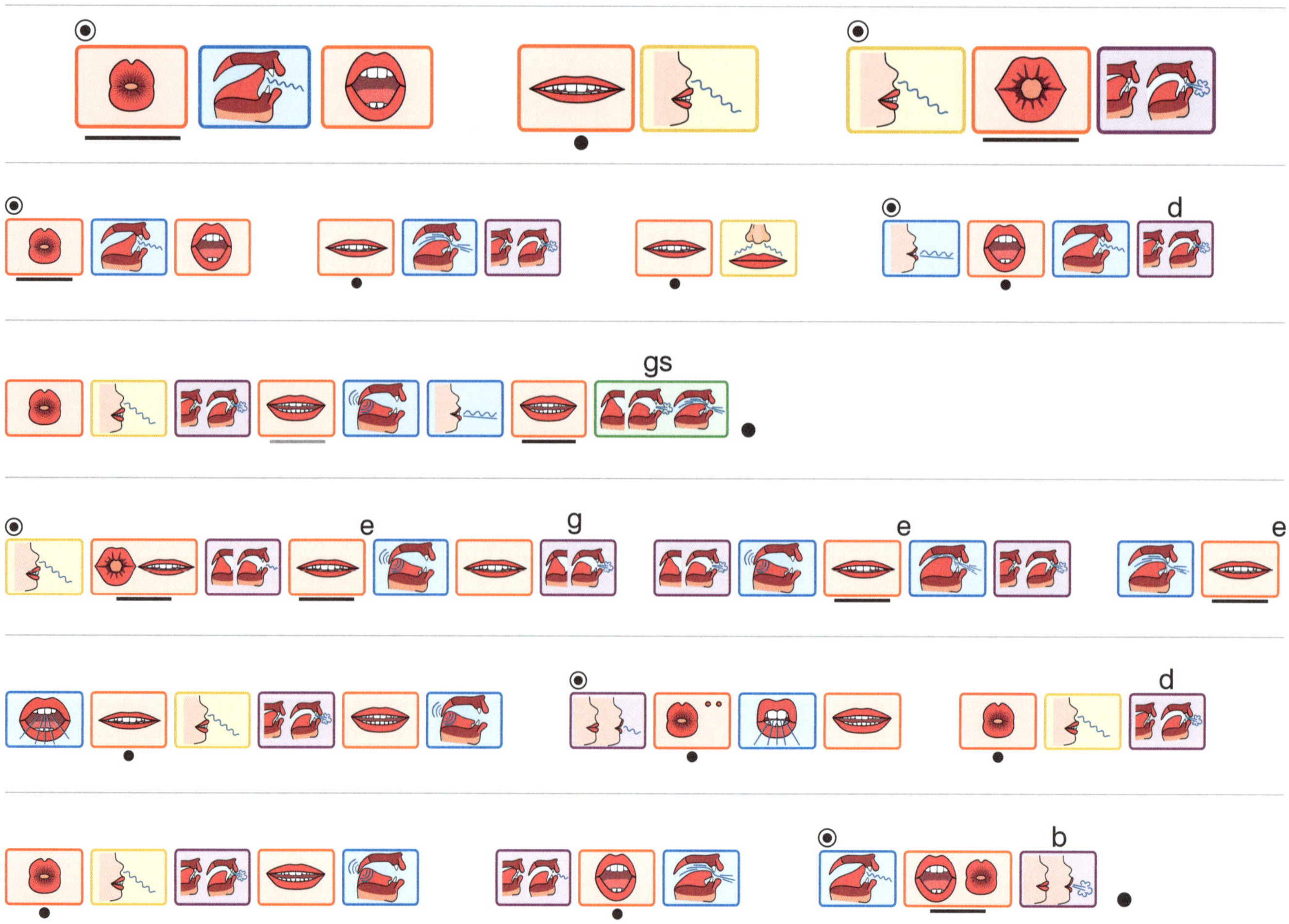


Ula ist im Wald unterwegs. Neugierig kriecht sie hinter Büsche und unter das Laub.

Ula in Not

L, Entrepreneurship Education, Eigene/Fremde Gefühle wahrnehmen, Empathie, Verantwortung übernehmen

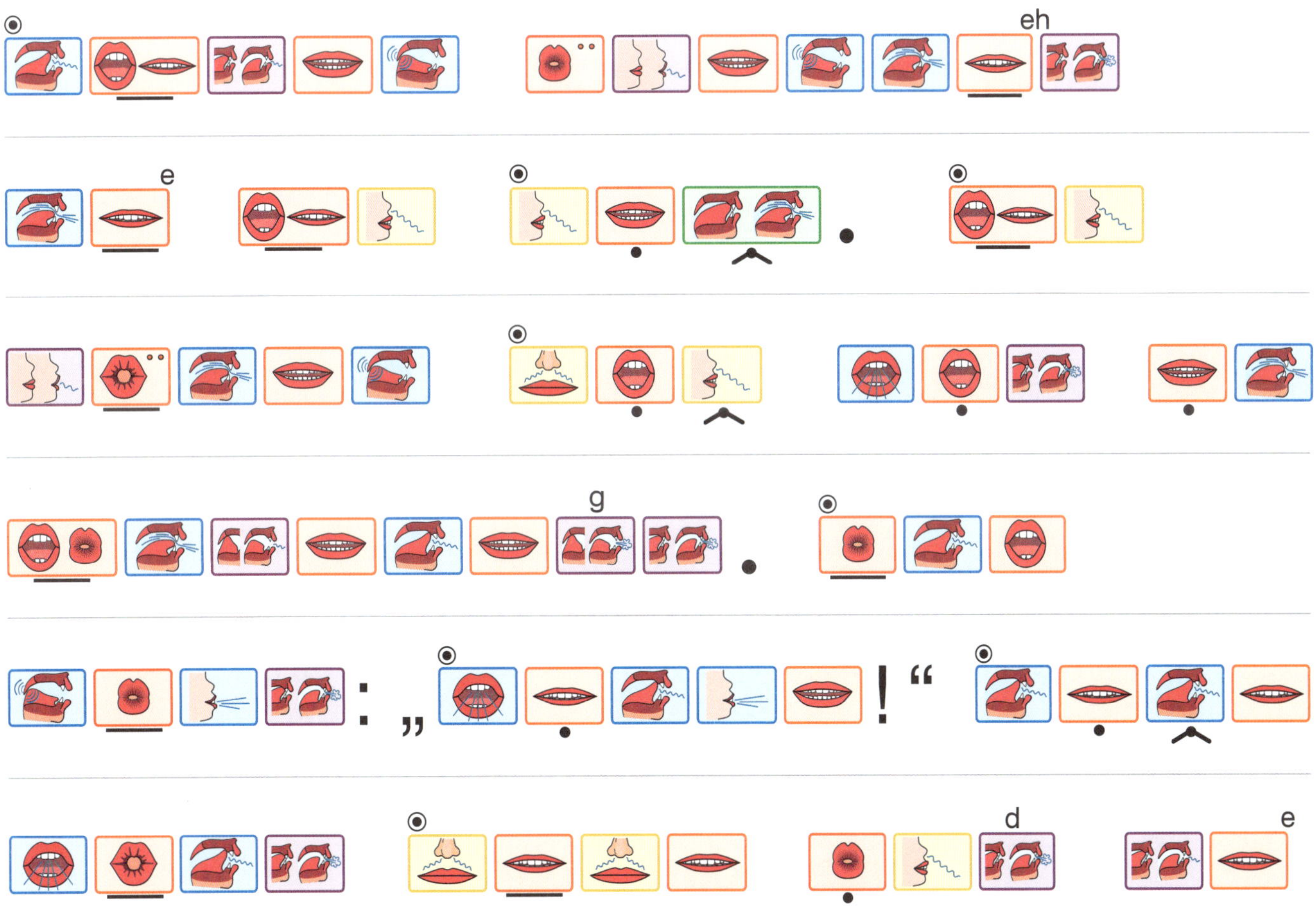

L

Leider übersieht sie ein Netz. Ein böser Mann hat es ausgelegt.

Ula ruft: „Hilfe!“ Lilli holt Mimi und die

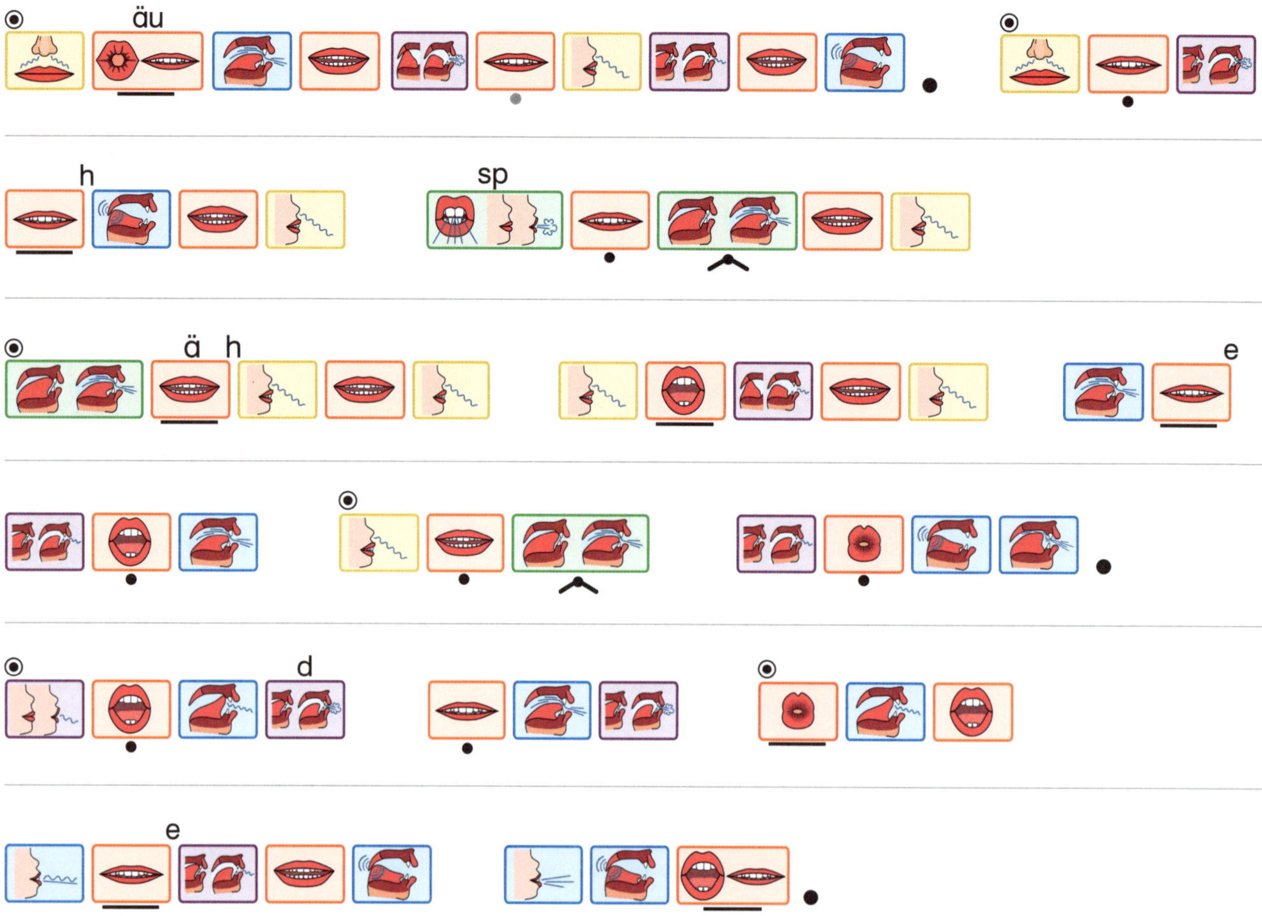


**1** Welche Wörter kommen in der Geschichte vor? Kreise sie ein!

Ula Lupe Blume Laub Puppe Biene

Lilli Bussi blau Buben Bluse bauen

Mimi bellen Nuss sie Bus in

im am muss Sonne Pause

Suppe aus Mann es

Banane Baum Maus Pause

Mäusekinder. Mit ihren spitzen Zähnen nagen sie das Netz durch.
Bald ist Ula wieder frei.

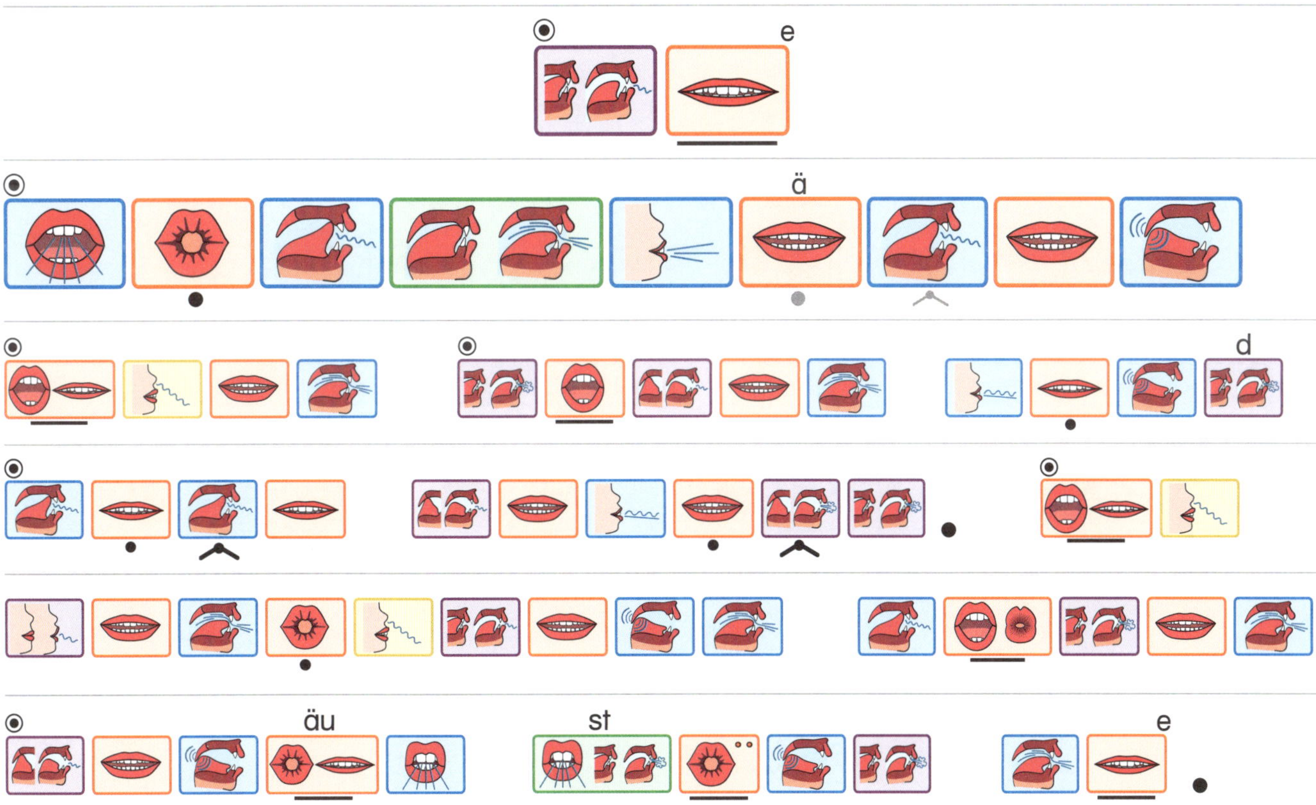


Eines Tages wird Lilli geweckt. Ein besonders lautes Geräusch stört sie.

Die Holzfäller

L, Umweltbildung

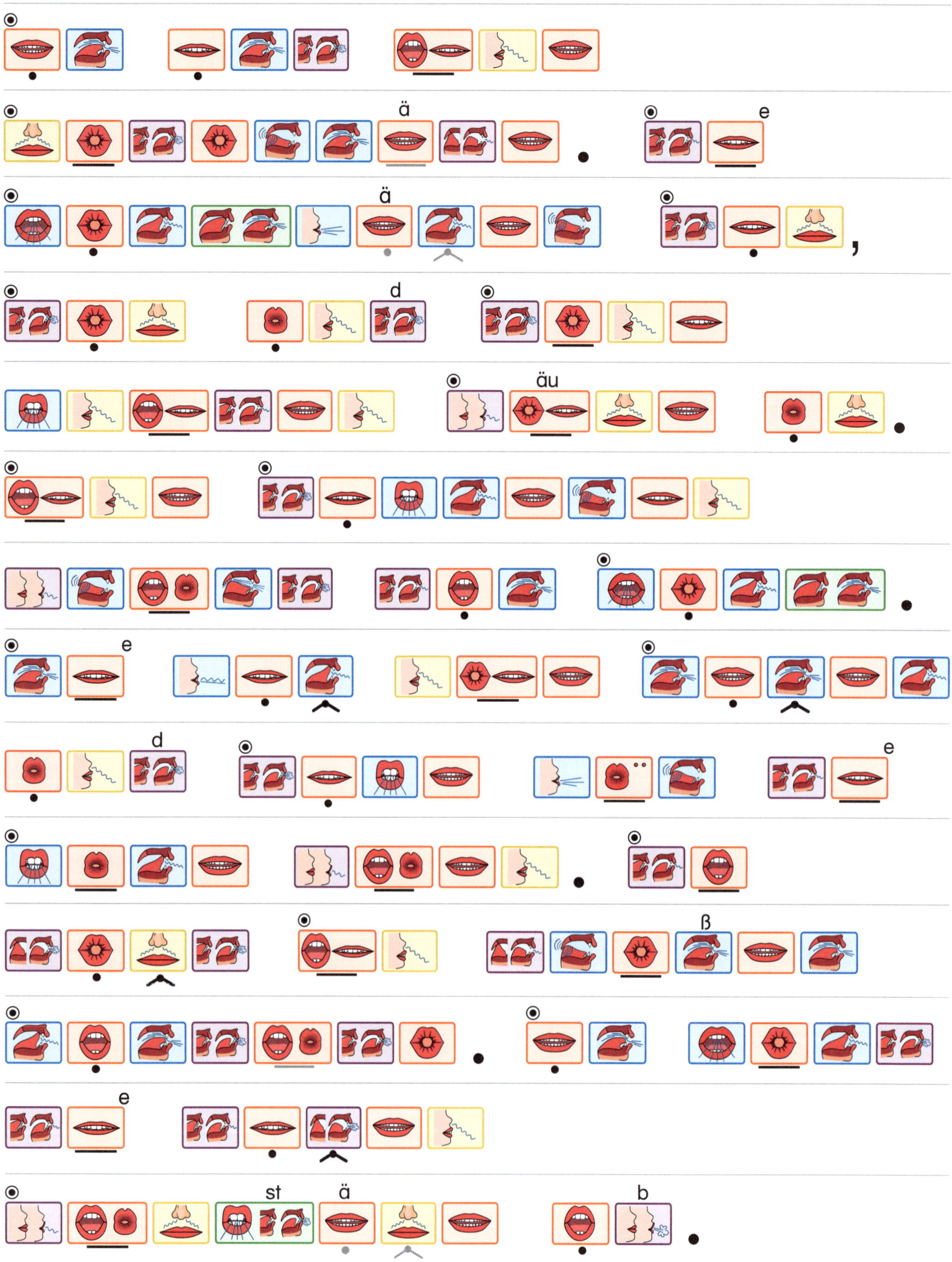

Es ist eine Motorsäge. Die Holzfäller Tim, Tom und Toni schneiden Bäume um. Eine Tischlerin braucht das Holz. Sie will neue Sessel und Tische für die Schule bauen. Da kommt ein großes Lastauto. Es holt die dicken Baumstämme ab.

**1** Lies jeden Satz! Streiche jeweils das falsche Wort durch!

ist

isst

| | | |
|---|---|---|
| Tom | ist<br>isst | 3 Tomaten. |
| Tim | ist<br>isst | im Lastauto. |
| Toni | ist<br>isst | am liebsten Bananen. |
| Tina | ist<br>isst | 1 Semmel mit Salami. |
| Tobias | ist<br>isst | im Autobus. |
| Tante Paula | ist<br>isst | mit Lilli am Ast. |
| Tante Pauline | ist<br>isst | am liebsten 1 Tomatensuppe. |
| Antonia | ist<br>isst | mit Mutti in Italien. |
| Tante Pia | ist<br>isst | am liebsten 1 Linsensuppe. |
| Anton | ist<br>isst | im Saal. |

**2** Lies und male die Kreise richtig an!

| | |
|---|---|
| blau | Simone malt 1 Blumenbeet mit blauen Blumen. |
| rot | Isabella malt 7 Amseln am Nussbaum. |
| grün | Bettina malt 1 blauen Autobus. |
| gelb | Pauli malt 1 Boot im See. Im Boot ist 1 Mann. |

○ ○ ○ ○

**3** Lies die Sätze! Beantworte dann die Fragen!

Susanne liest 1 Leseblatt.
Lumpi ist im Saal und bellt laut.
Sieben Buben sausen ins Tal.
Matthias isst am liebsten Tomatensalat.
Talin und Umut lieben tolle Autos.

| | ✓ | X |
|---|---|---|
| Liest Sibille 1 Leseblatt? | | |
| Sausen sieben Buben ins Tal? | | |
| Liebt Umut tolle Autos? | | |

L

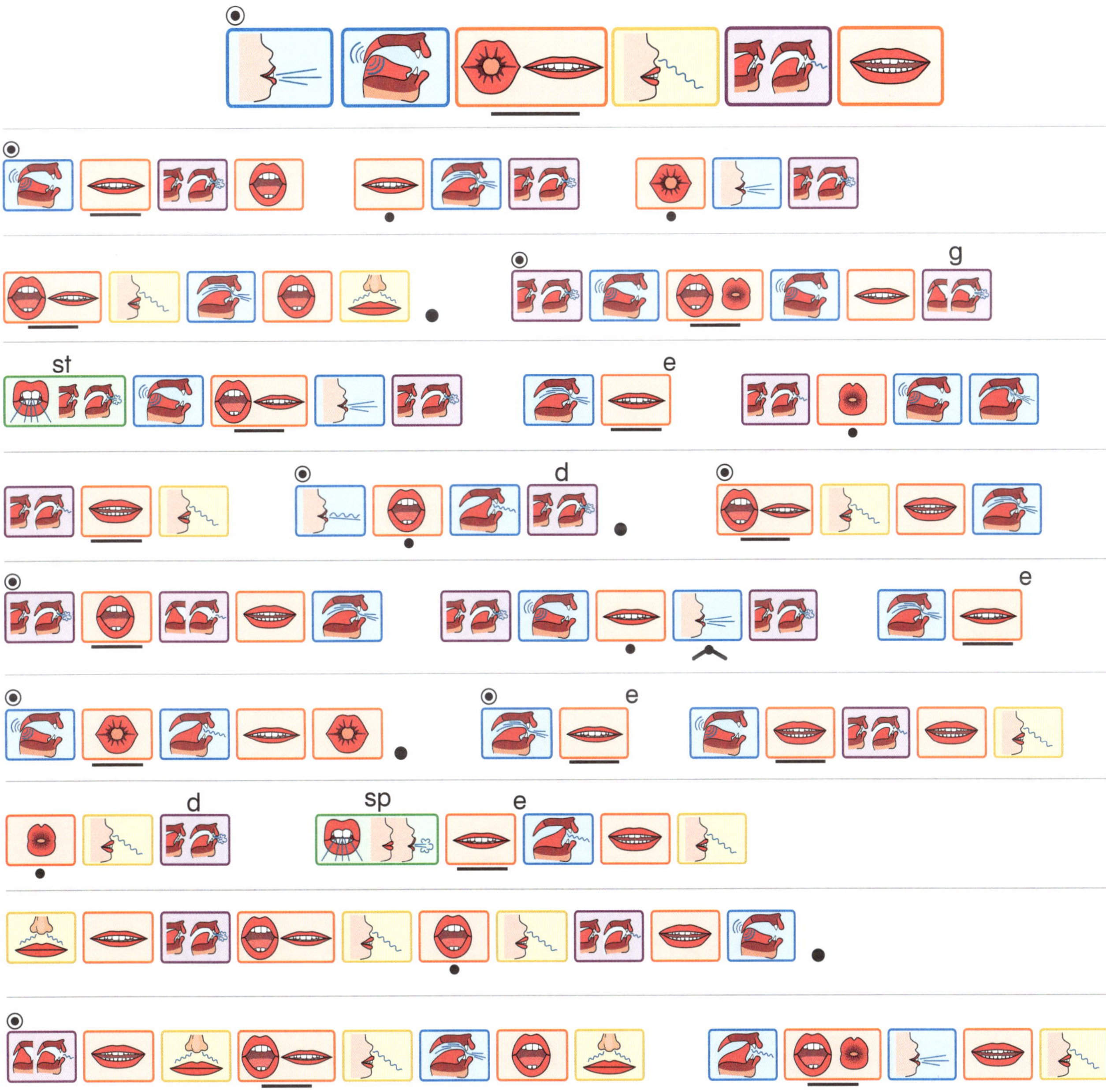


Freunde – Rita ist oft einsam. Traurig streift sie durch den Wald. Eines Tages trifft sie Rollo.
Sie reden und spielen miteinander. Gemeinsam laufen

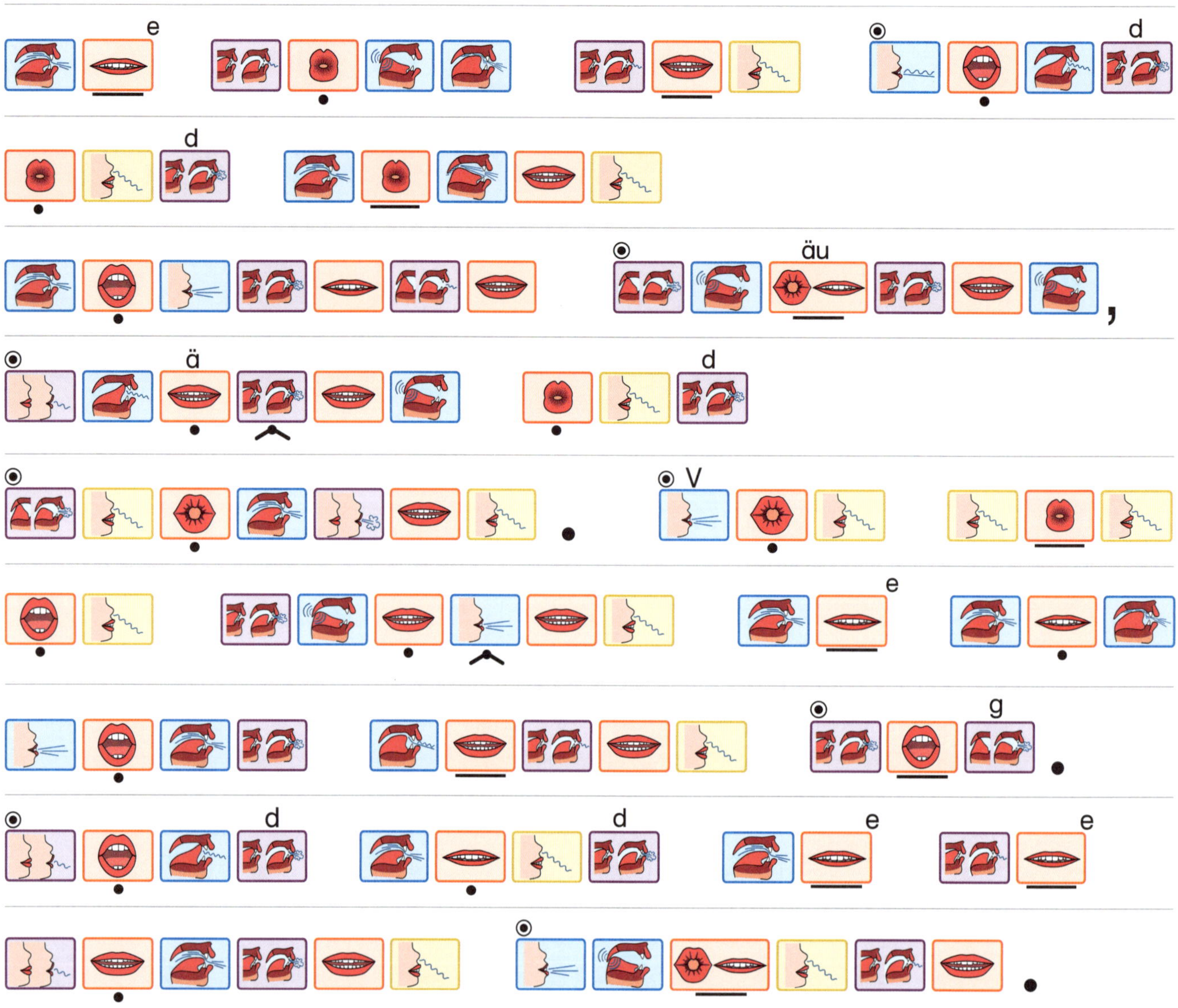


**1** Welche Wörter kommen in der Geschichte vor? Kreise sie ein!

Rita Roller Rolio Riese Roboter Brot ist

Rosen sie Maler Mauer nun Meter Mutter

an Raupe Perle Trommel Messer besten

Tor Turm Traum Rosinen

Von nun an treffen sie sich fast jeden Tag. Bald sind sie die besten Freunde.
sie durch den Wald und suchen saftige Kräuter, Blätter und Knospen.

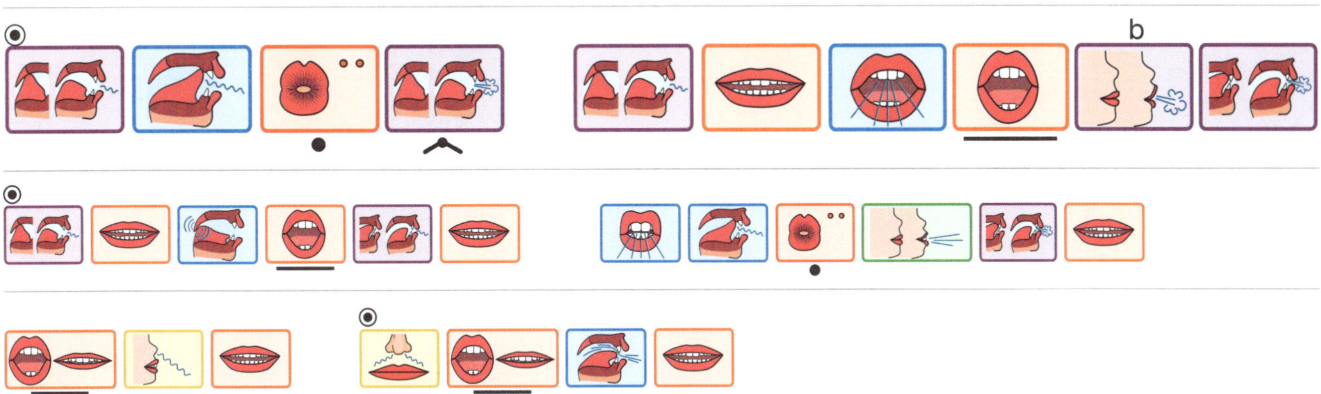


Gerade schlüpfte eine Meise

Glück gehabt

L, Umweltbildung

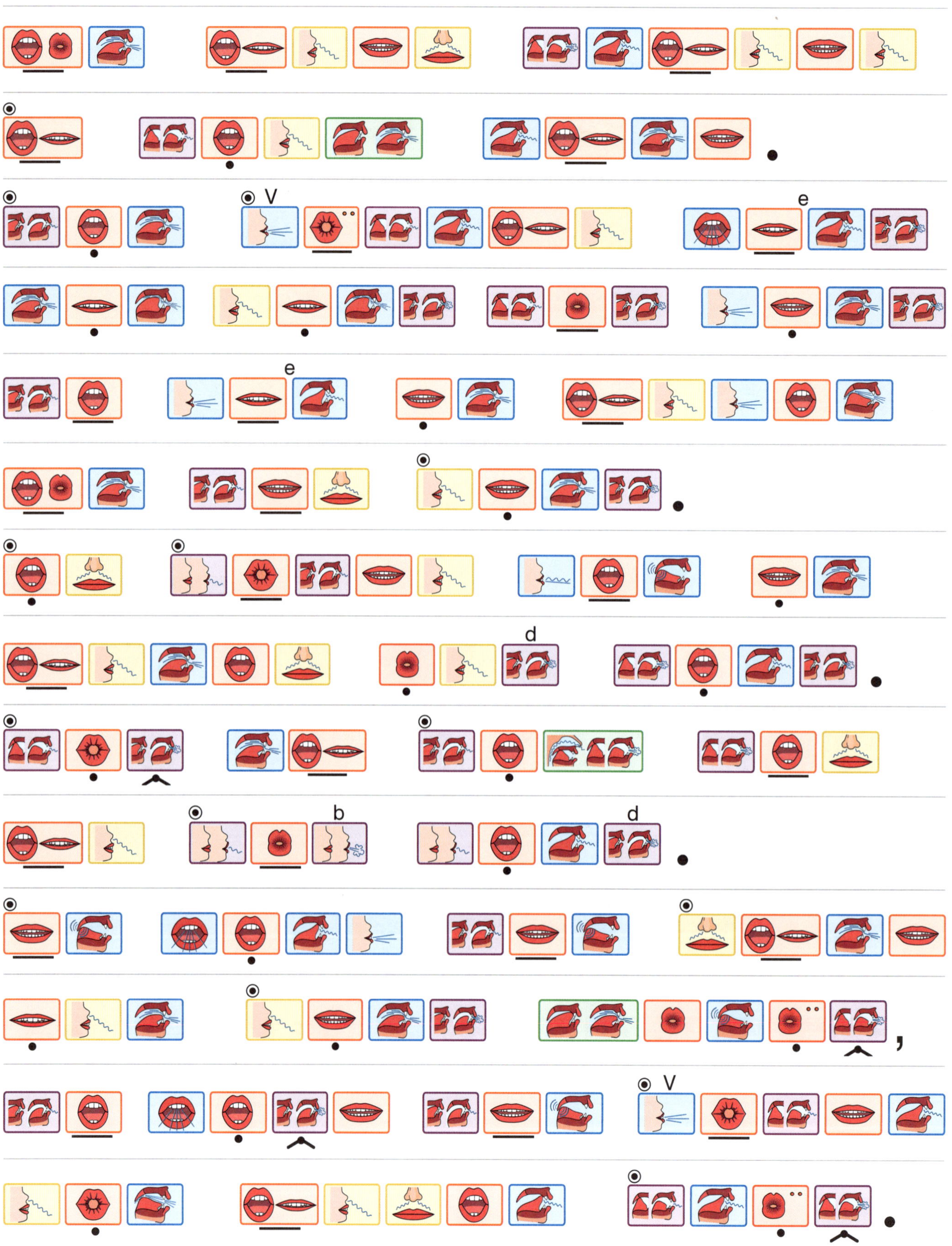

7

aus einem kleinen Ei ganz leise. Das Vöglein hielt sich nicht gut fest, da fiel es einfach aus dem Nest. Am Boden war es einsam und kalt.
Gott sei Dank kam ein Bub bald. Er half der Meise ins Nest zurück, da hatte das Vöglein noch einmal Glück.

**1**

Lies die Sätze!
Nur ein Satz stimmt und passt zur Geschichte. Kreuze ihn an!

| | |
|---|---|
| ○ | Eine Meise ist im roten Turm. |
| ○ | Eine Meise spielt mit dem blauen Ball. |
| ○ | Eine Meise ist im Nest. |
| ○ | Eine Meise bellt laut. |
| ○ | Eine Meise liebt Rosinen. |

**2**

Kreise Wörter mit dem Begleiter ein rot ein!
Kreise Wörter mit dem Begleiter eine blau ein!

ein Stein eine Leiter Reise Reis Meise

Seite Brei Seil Ameise Speise

Eimer Reim Meisterin Bein Reiter

Preis Reiterin Teil Streit

Beispiel Leiste Meister Preiselbeere

Osterei Tannenmeise

L, HS

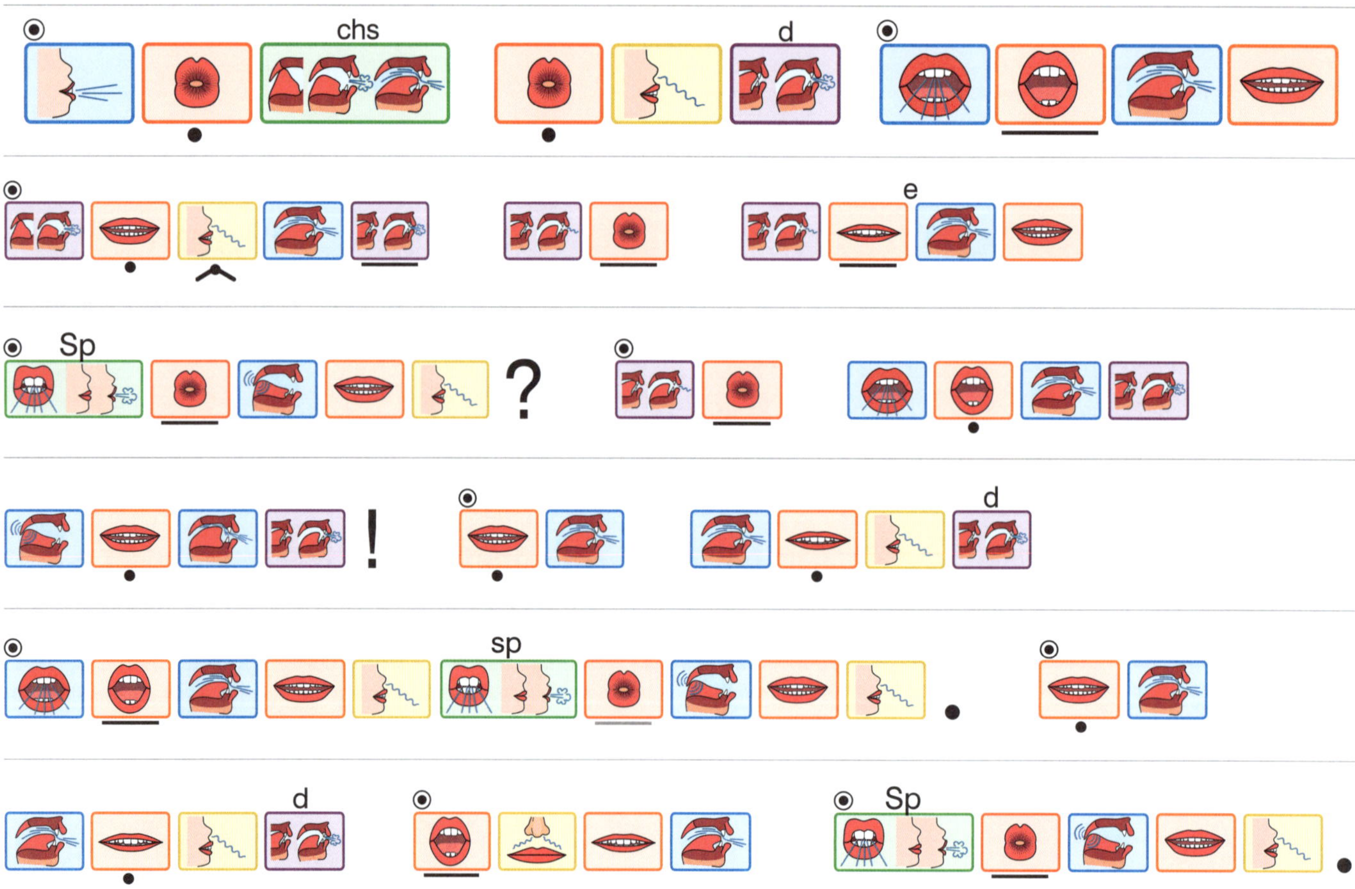

Kennst du diese Spuren? Du hast recht! Es sind Hasenspuren. Es sind Amis Spuren.

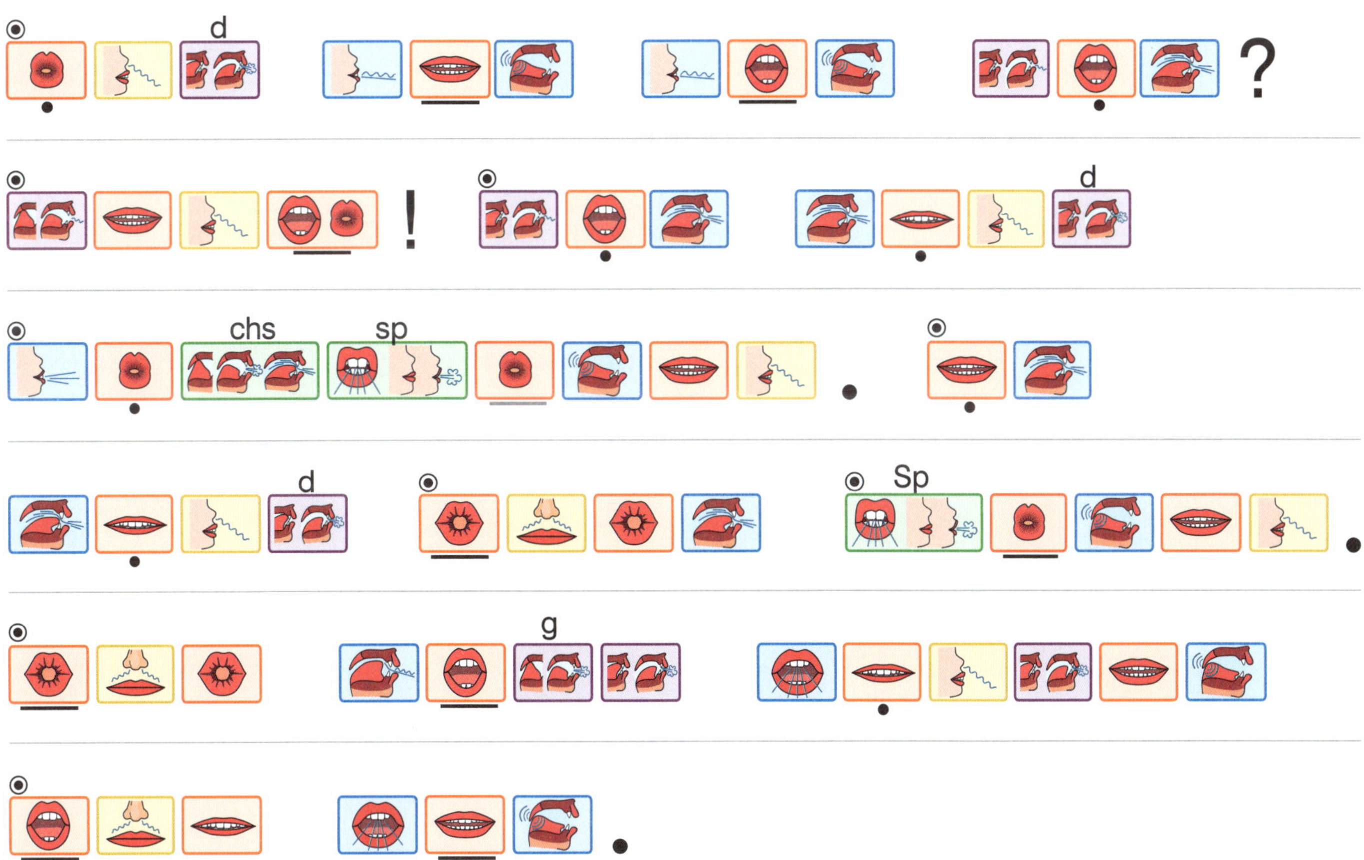


7
Und wer war das? Genau! Das sind Fuchsspuren.
Es sind Omos Spuren. Omo jagt hinter Ami her.

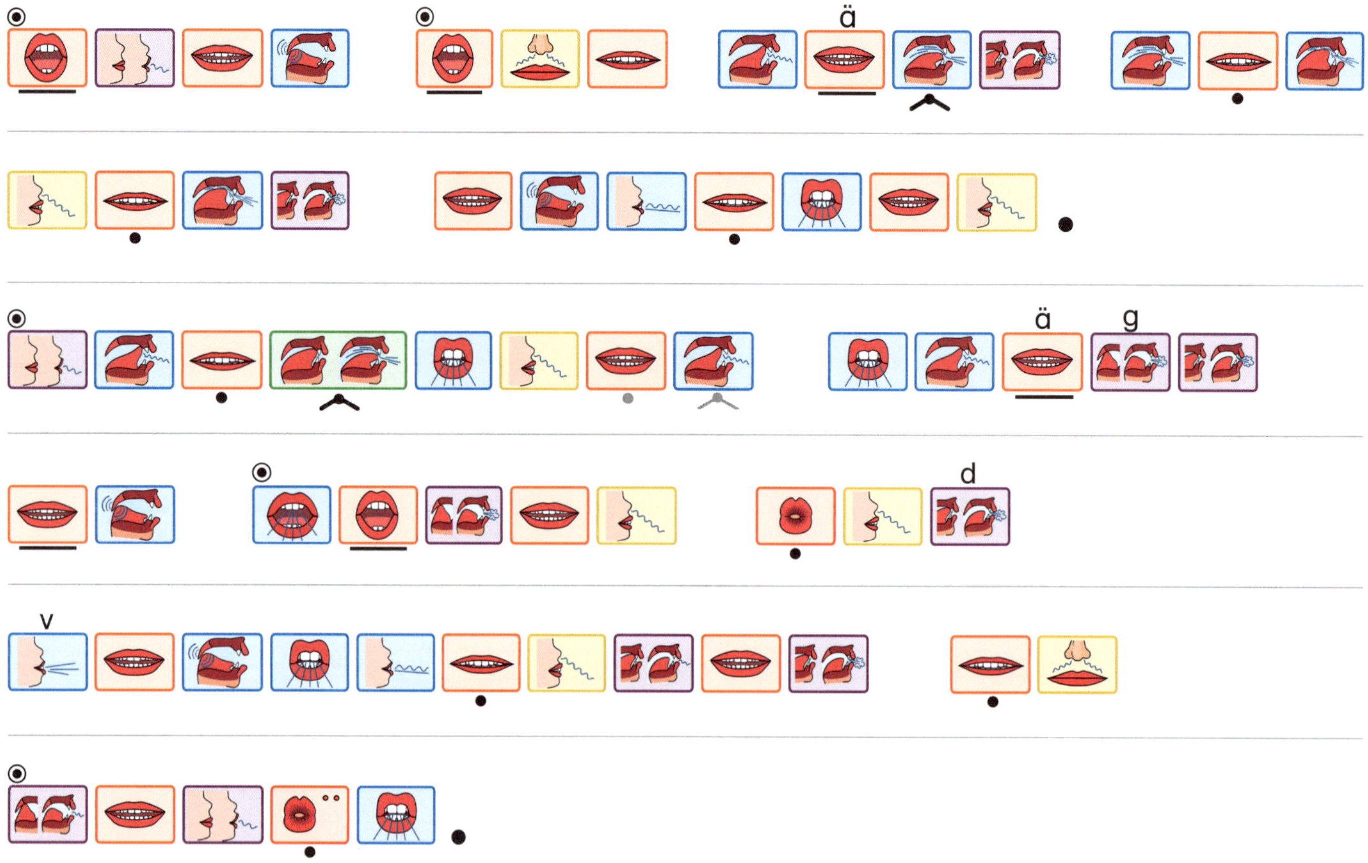

**1** Lies die Wörter! Kreise die Tiernamen ein!

Hase

Hose

Himmel

Hamster

Hornisse

Hammer

Haube

Henne

Herbst

Helm

Husten

Hai

Hut

Haare

Hahn

Nashorn

7

Aber Ami lässt sich nicht erwischen.

Blitzschnell schlägt er Haken und verschwindet im Gebüsch.

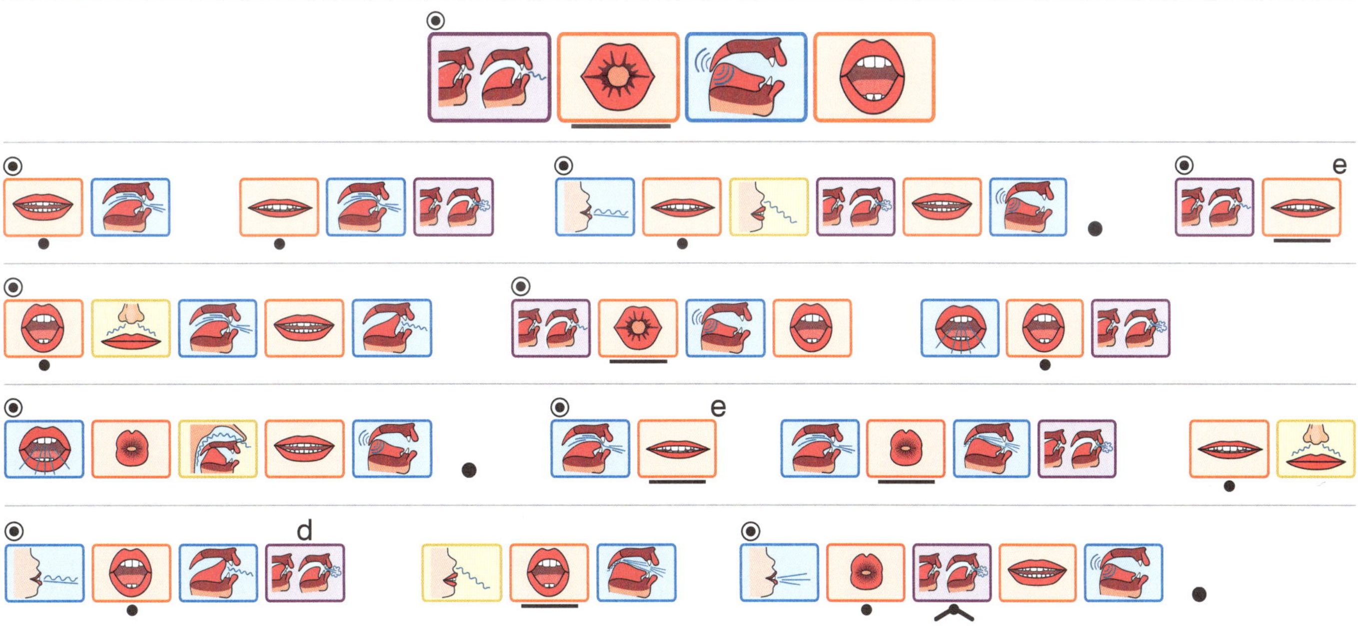


Es ist Winter. Die Amsel Dora hat Hunger. Sie sucht im Wald nach Futter.

Dora

7

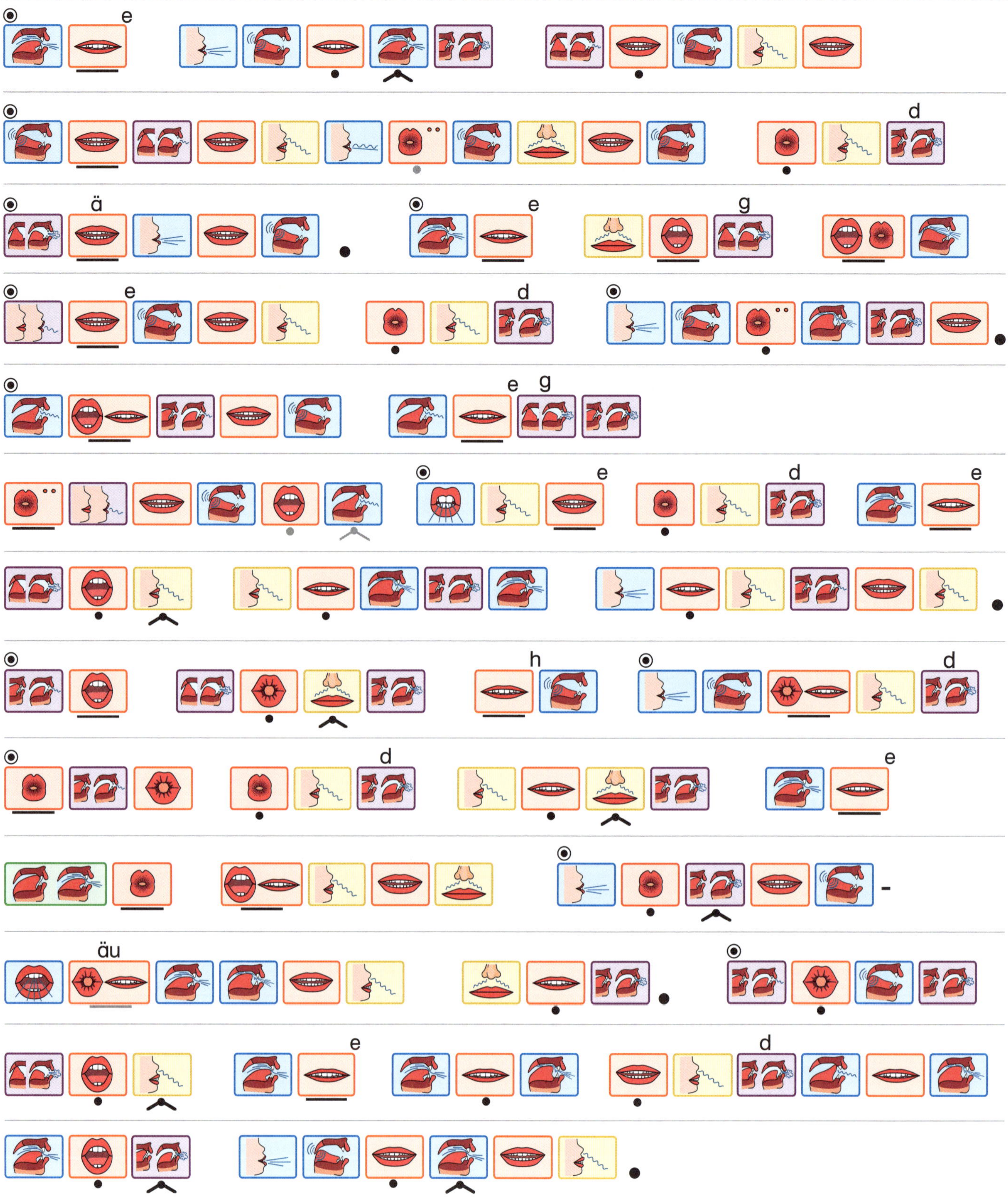


Sie frisst gerne Regenwürmer und Käfer. Sie mag auch Beeren und Früchte. Leider liegt überall Schnee und sie kann nichts finden.
Da kommt ihr Freund Udo und nimmt sie zu einem Futterhäuschen mit. Dort kann sie sich endlich satt fressen.



L, Umweltbildung

## 1 Welche Begleiter gehören zu den Was-Wörtern?

Male richtig an: der (rot) die (blau) das (gelb)

| | | | | |
|---|---|---|---|---|
| ◯ Hase | ◯ Amsel | ◯ Hut | ◯ Rad | ◯ Dose |
| ◯ Hamster | ◯ Hund | ◯ Hose | ◯ Haube | ◯ Bild |
| ◯ Mund | ◯ Boot | ◯ Hand | ◯ Ende | ◯ Mandarine |
| ◯ Daumen | ◯ Nadel | ◯ Land | ◯ Bad | |

## 2 Lies die Tiernamen!

Male richtig an: ein (rot) eine (blau)

| | | | |
|---|---|---|---|
| ◯ Amsel | ◯ Hund | ◯ Maus | ◯ Hamster |
| ◯ Hase | ◯ Ente | ◯ Rabe | ◯ Leopard |
| ◯ Uhu | ◯ Esel | ◯ Aal | ◯ Natter |
| ◯ Spinne | ◯ Lama | ◯ Biene | ◯ Murmeltier |
| ◯ Adler | ◯ Taube | ◯ Biber | ◯ Nashorn |
| ◯ Puma | ◯ Lamm | ◯ Elefant | ◯ Antilope |

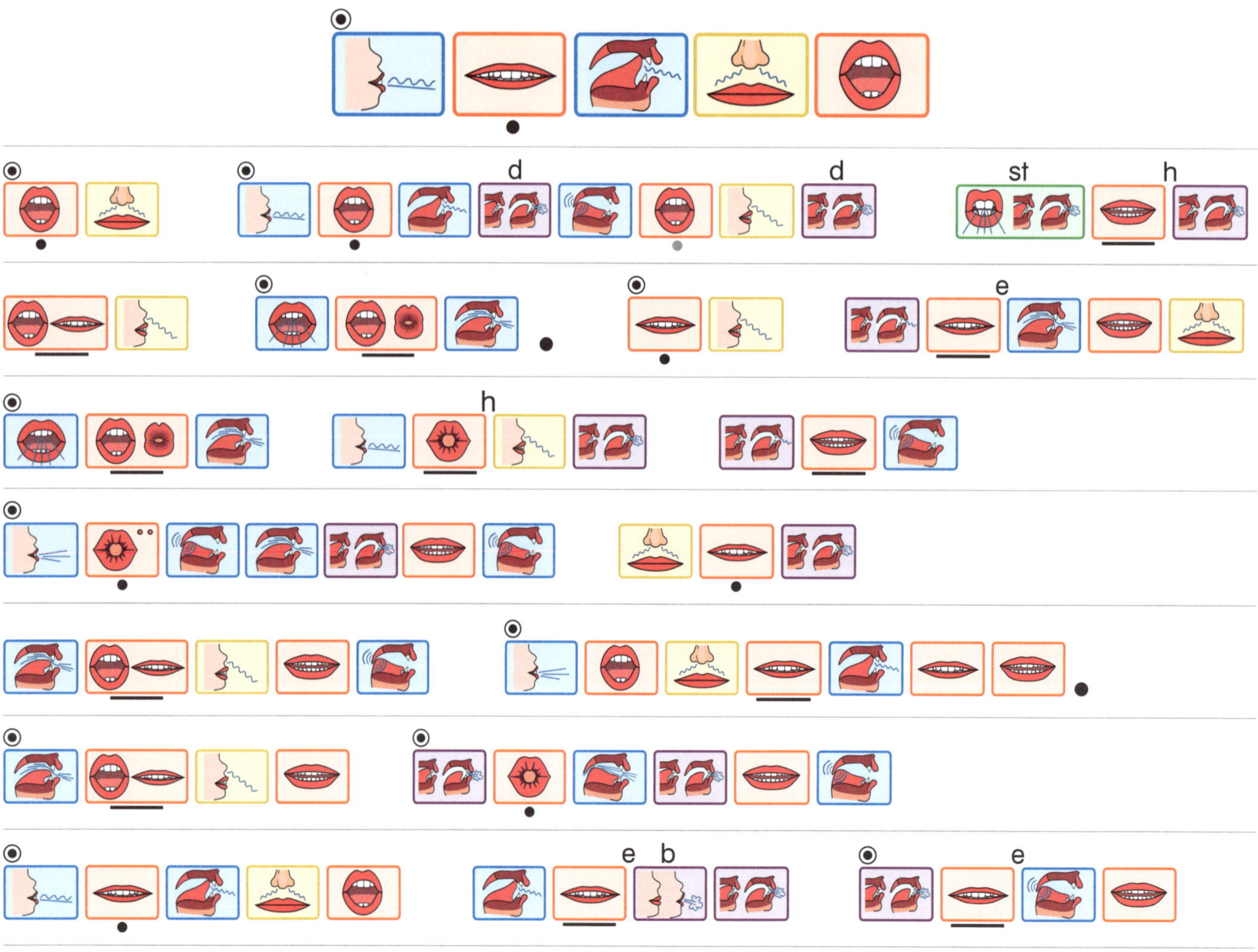


Am Waldrand steht ein Haus. In diesem Haus wohnt der Förster mit seiner Familie. Seine Tochter Wilma liebt Tiere

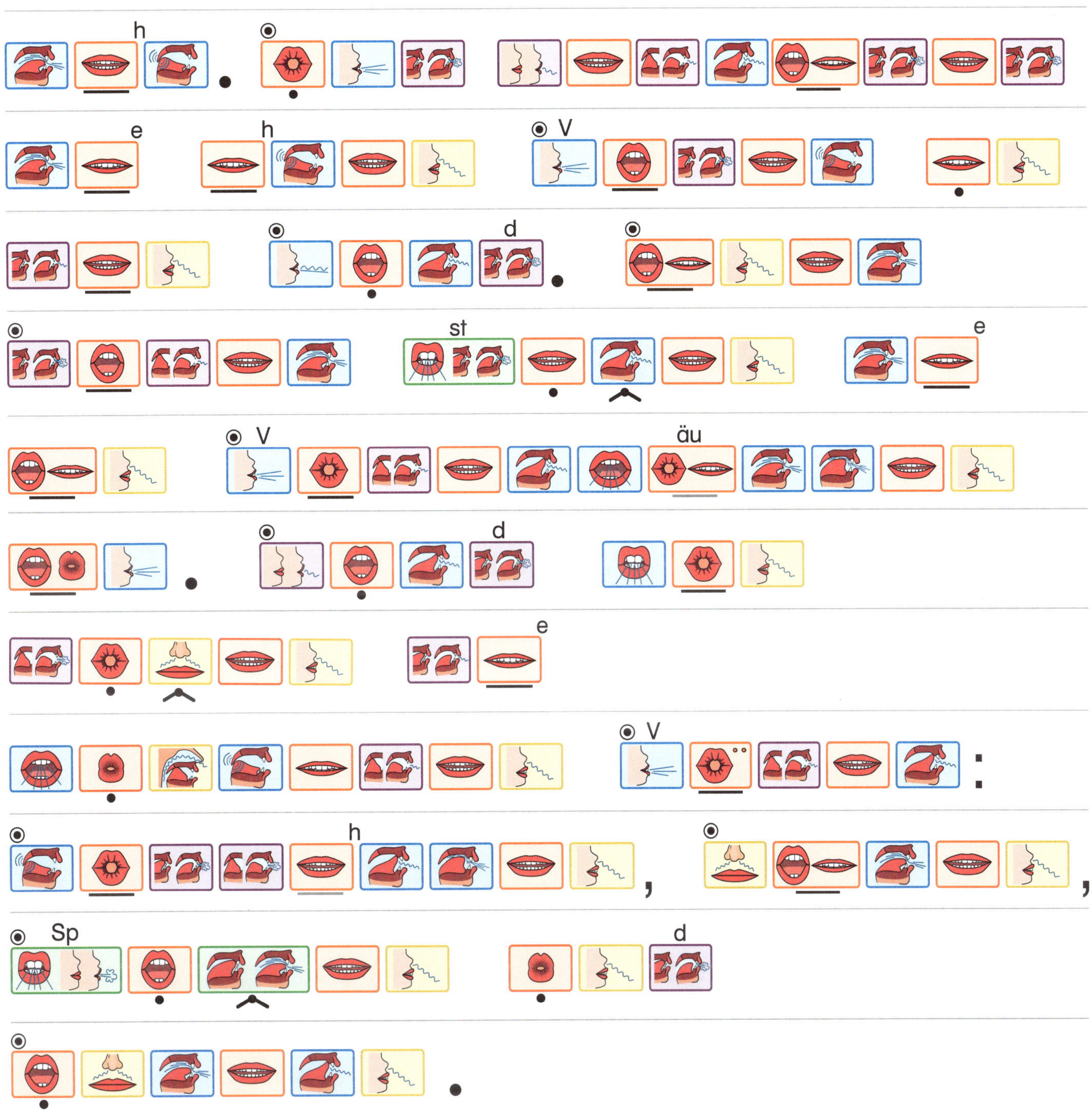

1 Lies die Wörter und streiche durch, was es im Wald nicht gibt!

Baum Windeln Ast Wasser Himbeeren

Tanne Moos Wurst Reh Ameise Wild Spinne

Wolle

Bett Blatt Hase Heidelbeeren Wal

Bald schon kommen die hungrigen Vögel: Rotkehlchen, Meisen, Spatzen und Amseln.

sehr. Oft begleitet sie ihren Vater in den Wald. Eines Tages stellen sie ein Vogelhäuschen auf.

L

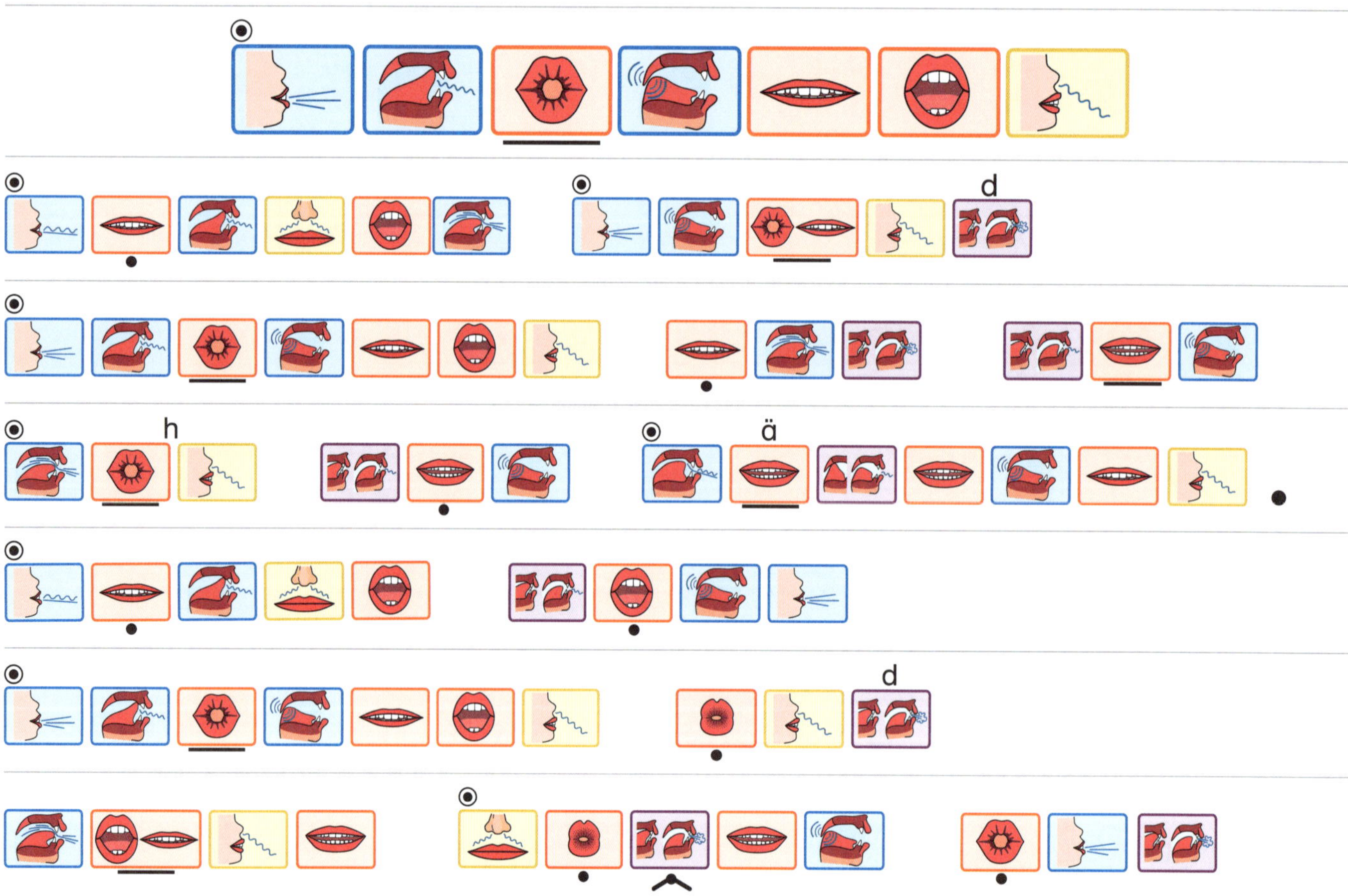


Wilmas Freund Florian ist der Sohn der Jägerin. Wilma darf Florian und seine Mutter oft

Florian

L, Umweltbildung

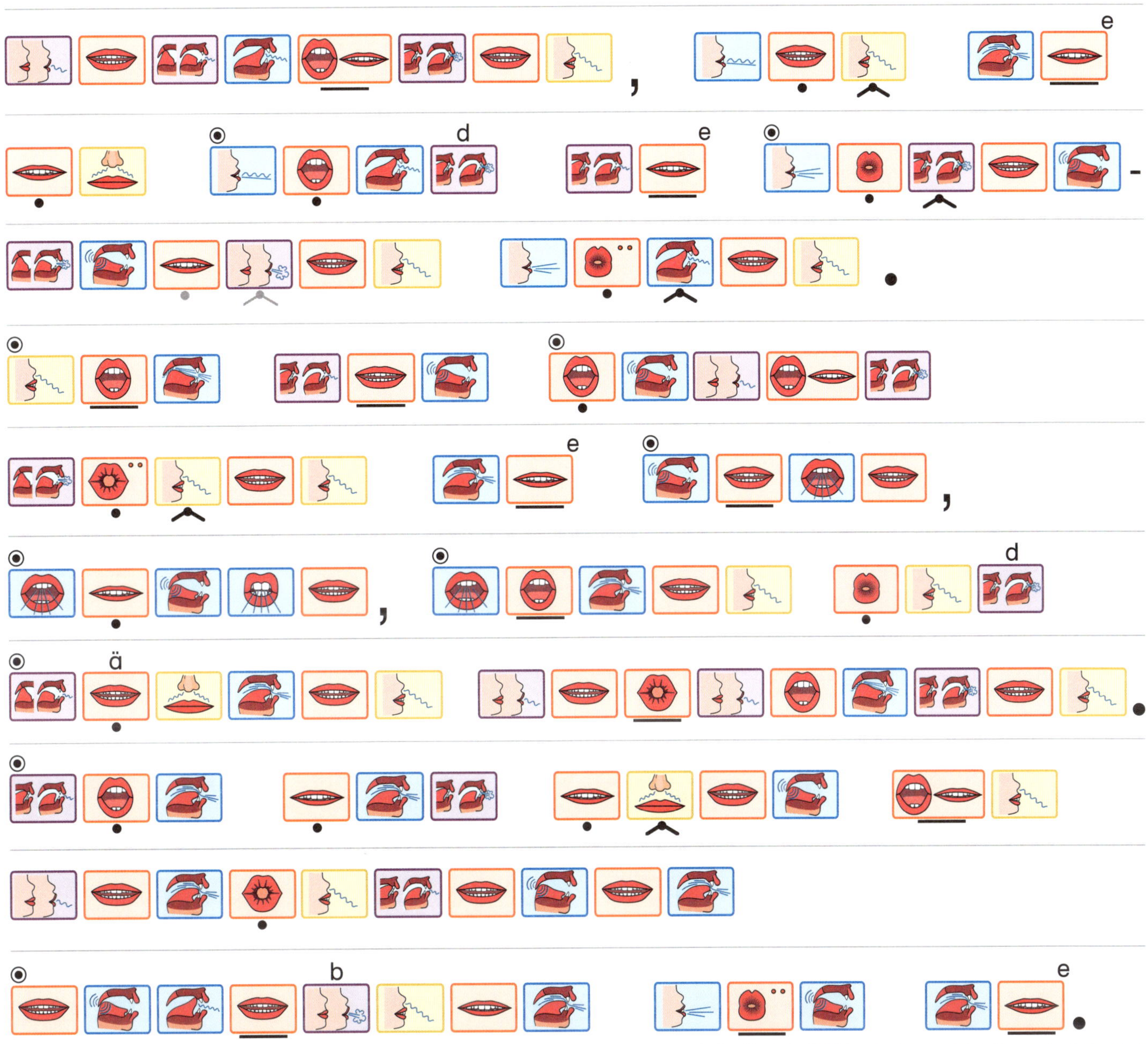

**1** Florian und Wilma haben Wörter in Spiegelschrift aufgeschrieben. Benutze einen Spiegel und lies die Wörter!

Film Foto Familie Telefon Frau

Feld Faust Fahne Fieber Fell Floh Fee

Fest Feder Faden

Nachwuchs – Der Fuchs Omo lebt mit seiner Frau Inge im Fuchsbau im Wald. Eines Tages bekommt Inge zwei Junge. Omo nennt sie Jeng und Jong.
Jeng und Jong spielen oft miteinander. Am liebsten laufen sie nebeneinander durch den Wald.

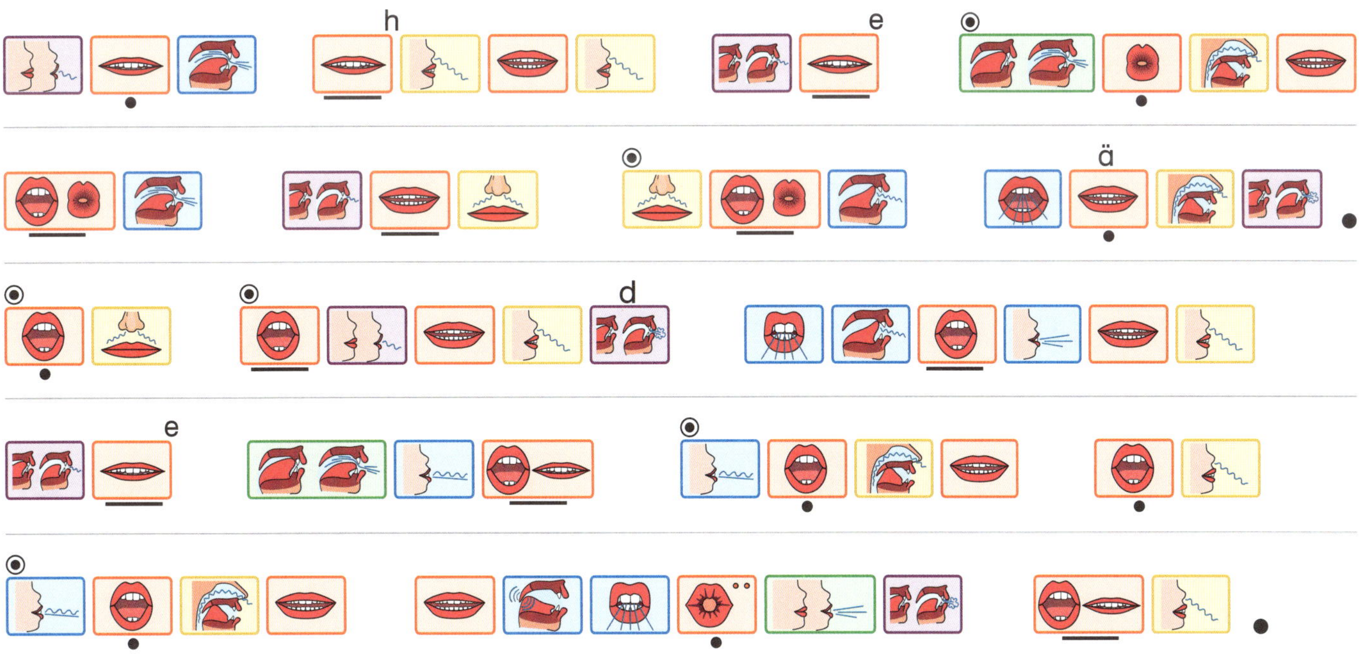


7 bis ihnen die Zunge aus dem Maul hängt.
Am Abend schlafen die zwei Wange an Wange erschöpft ein.

**1** Richtig oder falsch? Kreuze an!

| | ✓ | X |
|---|---|---|
| Inge ist ein Hamster. | | |
| Inge ist Omos Frau. | | |
| Ihre Kinder laufen im Wald herum. | | |
| Sie singen immer lange Lieder. | | |
| Sie spielen oft Fangen. | | |
| Sie haben rote Wangen. | | |

**2** Findest du im Buchstabensalat die ng-Wörter?
Lies von oben nach unten und male die Kästchen an!

| | | | | | | | | | | | | | | | |
|---|---|---|---|---|---|---|---|---|---|---|---|---|---|---|---|
| L | S | O | A | R | F | M | i | M | E | W | i | H | M | E | F |
| A | I | E | A | A | A | M | A | L | N | W | O | U | l | N | I |
| N | N | L | N | L | N | l | N | M | G | A | R | N | A | G | N |
| G | G | M | G | S | G | M | G | O | A | N | I | G | M | E | G |
| O | E | L | S | O | E | I | E | L | M | G | N | E | i | L | E |
| S | N | R | T | F | N | E | L | S | R | E | G | R | A | O | R |

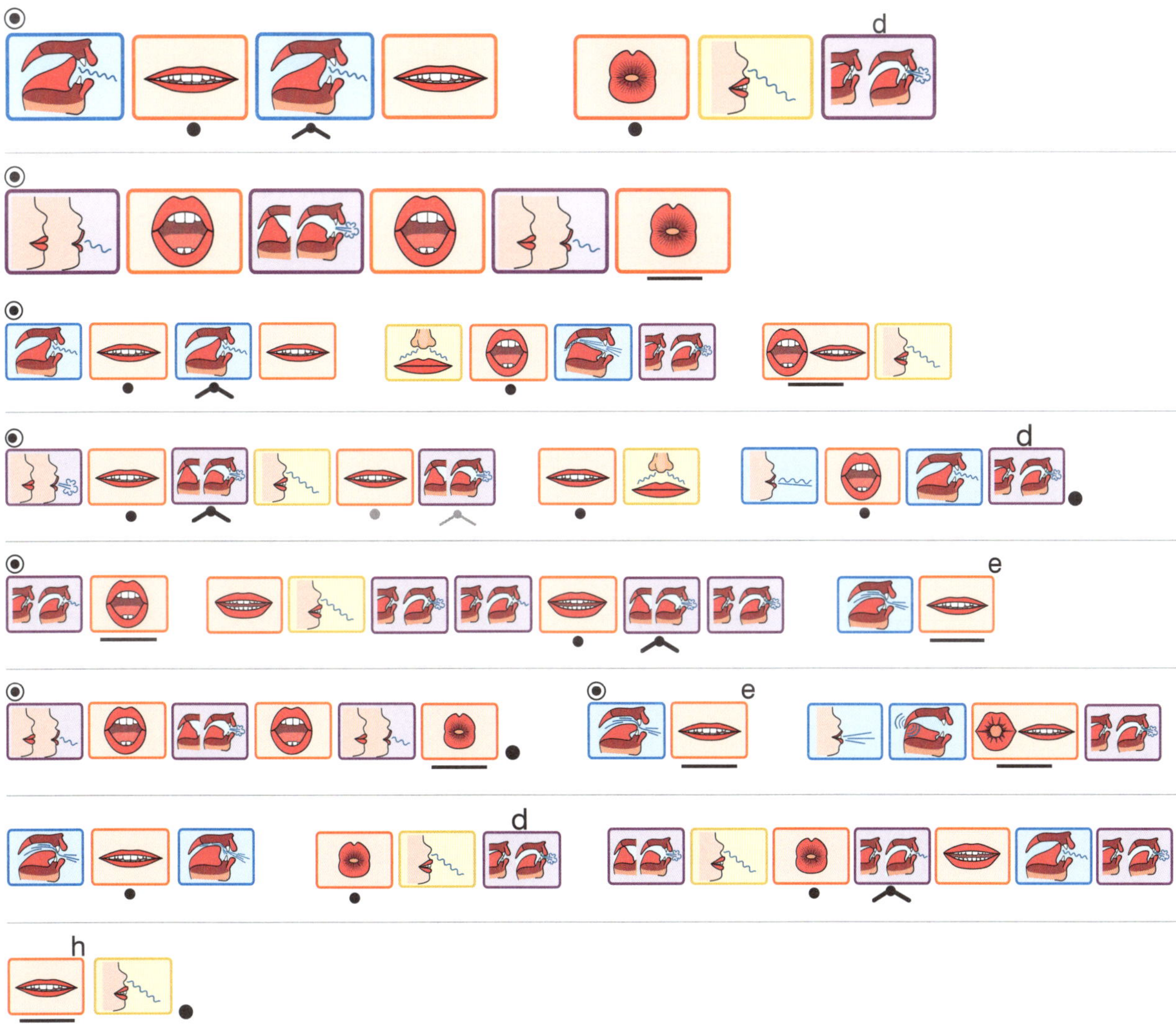


Lilli macht ein Picknick im Wald. Da entdeckt sie Bakabu. Sie freut sich und knuddelt ihn.

Lilli und Bakabu

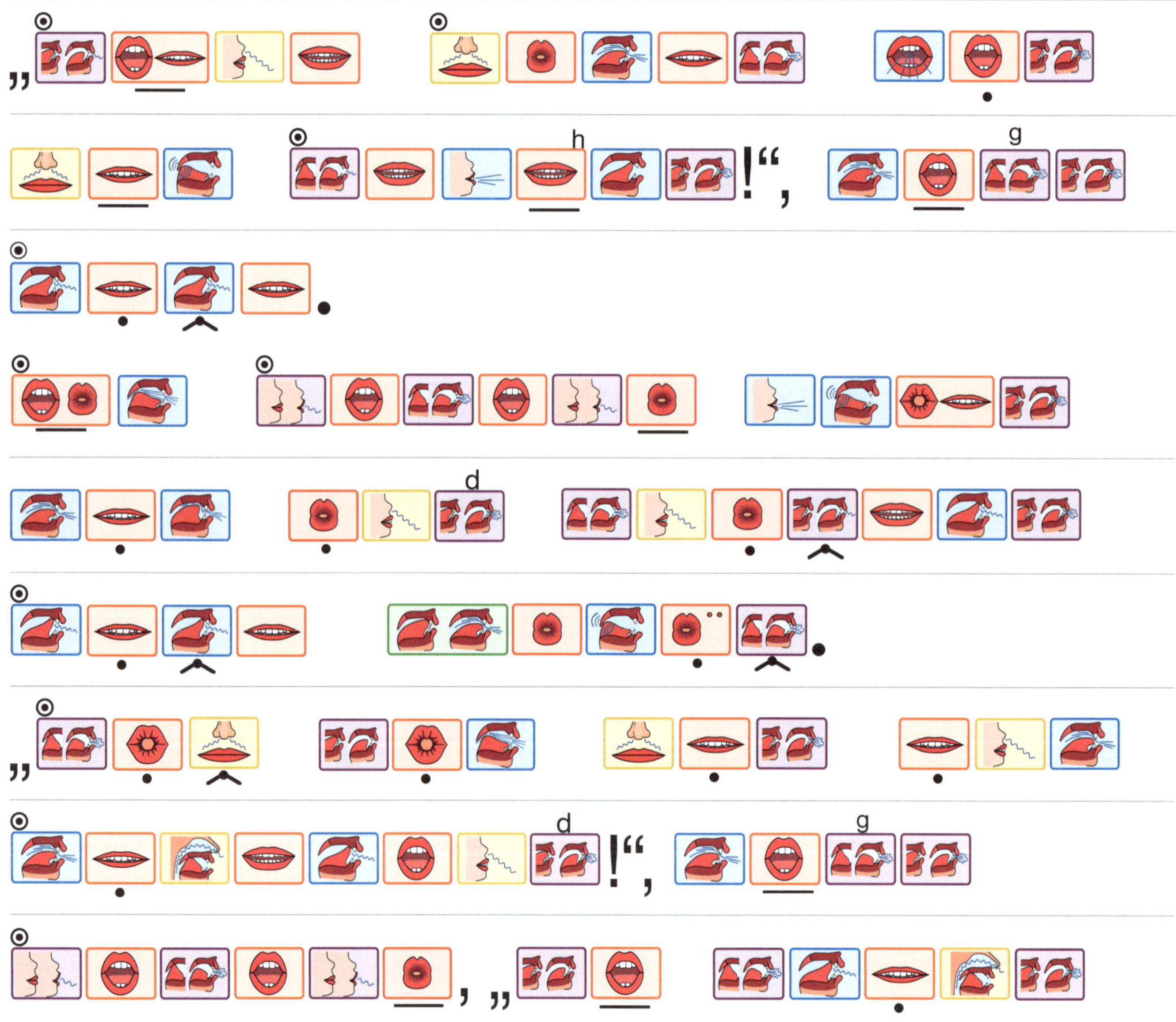

„Deine Musik hat mir gefehlt!", sagt Lilli. Auch Bakabu freut sich und knuddelt Lilli zurück.
„Komm doch mit ins Singeland!", sagt Bakabu. „Da klingt

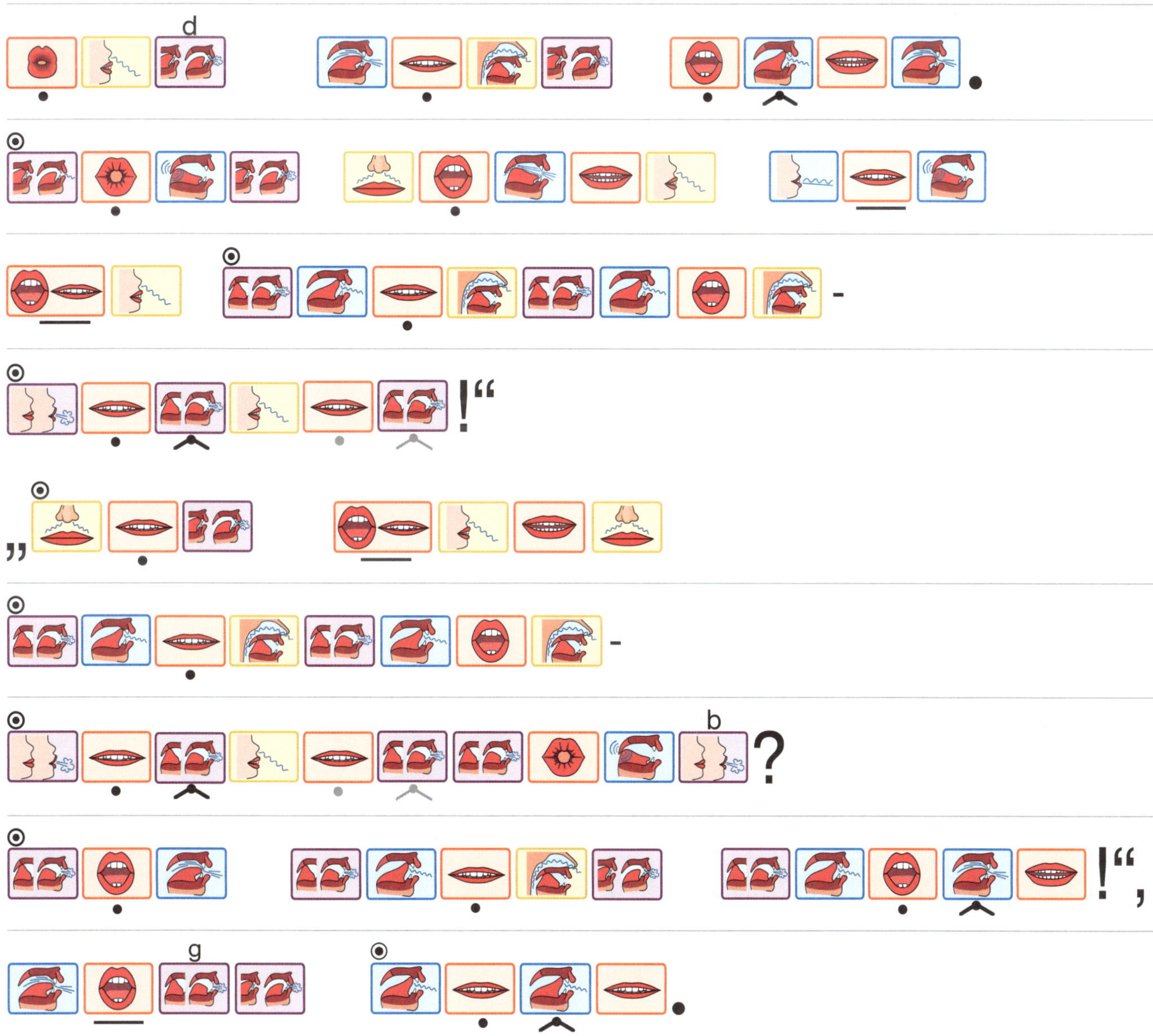


und singt alles. Dort machen wir ein Klingklang-Picknick!"
„Mit einem Klingklang-Picknickkorb? Das klingt klasse!" sagt Lilli.

L

## 1

Lies und streiche falsche Wörter durch!

| | | | | | | |
|---|---|---|---|---|---|---|
| Bakabu | Bakuba | Bakabu | Bukaba | Bukuba | Bakabu | |
| Musik | Musik | Misuk | Misik | Musik | Musik | Musuk |

## 2

Lies und kreuze richtig an!

| | ✓ | X |
|---|---|---|
| Bakabu ist ein Ohrwurm. | | |
| Bakabu ist ein Ringelwurm. | | |
| Bakabu wohnt im Leseland. | | |
| Bakabu wohnt im Singeland. | | |
| Im Singeland singt und klingt alles. | | |
| Im Singeland summt und brummt alles. | | |

## 3

Was wollen Lilli und Bakabu im Singeland machen? Kreuze an!

- ◯ ein Klangklang-Picknick
- ◯ ein Klingklang-Picknick
- ◯ ein Klingkling-Picknick
- ◯ ein Klangkling-Picknick

**1** Bakabu kennt ein Lied über beste Freunde.
Höre zu und sing mit!

Beste Freunde

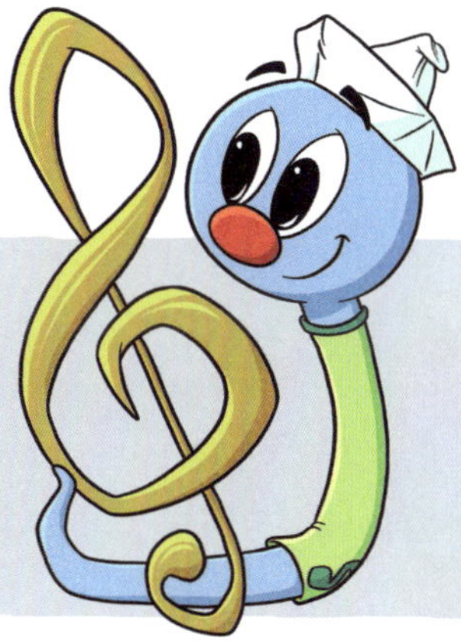

Wir sind die besten Freunde,
wir geh'n durch dick und dünn.
Wir halten fest zusammen,
das ist der Hauptgewinn. …

**2** Woher kommen die Kinder?

Benedikt kommt aus Holland.

Matteo kommt aus Italien.

Ariana kommt aus Kroatien.

Abiola kommt aus Namibia.

Aleta kommt aus Spanien.

Tom kommt aus Kanada.

Harper kommt aus Neuseeland.

Sefedin kommt aus Albanien.

Ella kommt aus Finnland.

Pedro kommt aus Brasilien.

Amha kommt aus Indien.

Milana kommt aus Serbien.

Marlin kommt aus Irland.

L, Interkulturelle Bildung

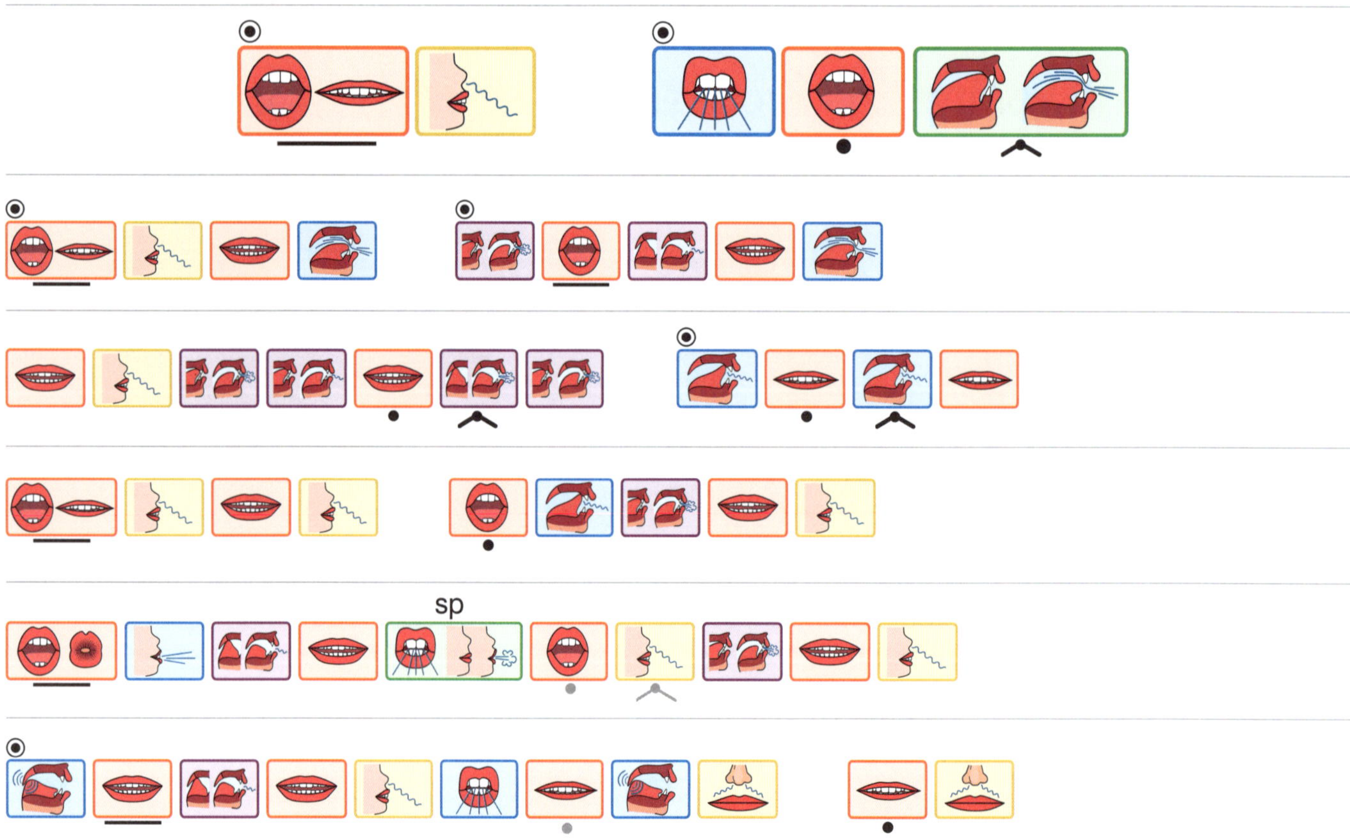


Eines Tages entdeckt Lilli einen alten aufgespannten Regenschirm im

Ein Schatz

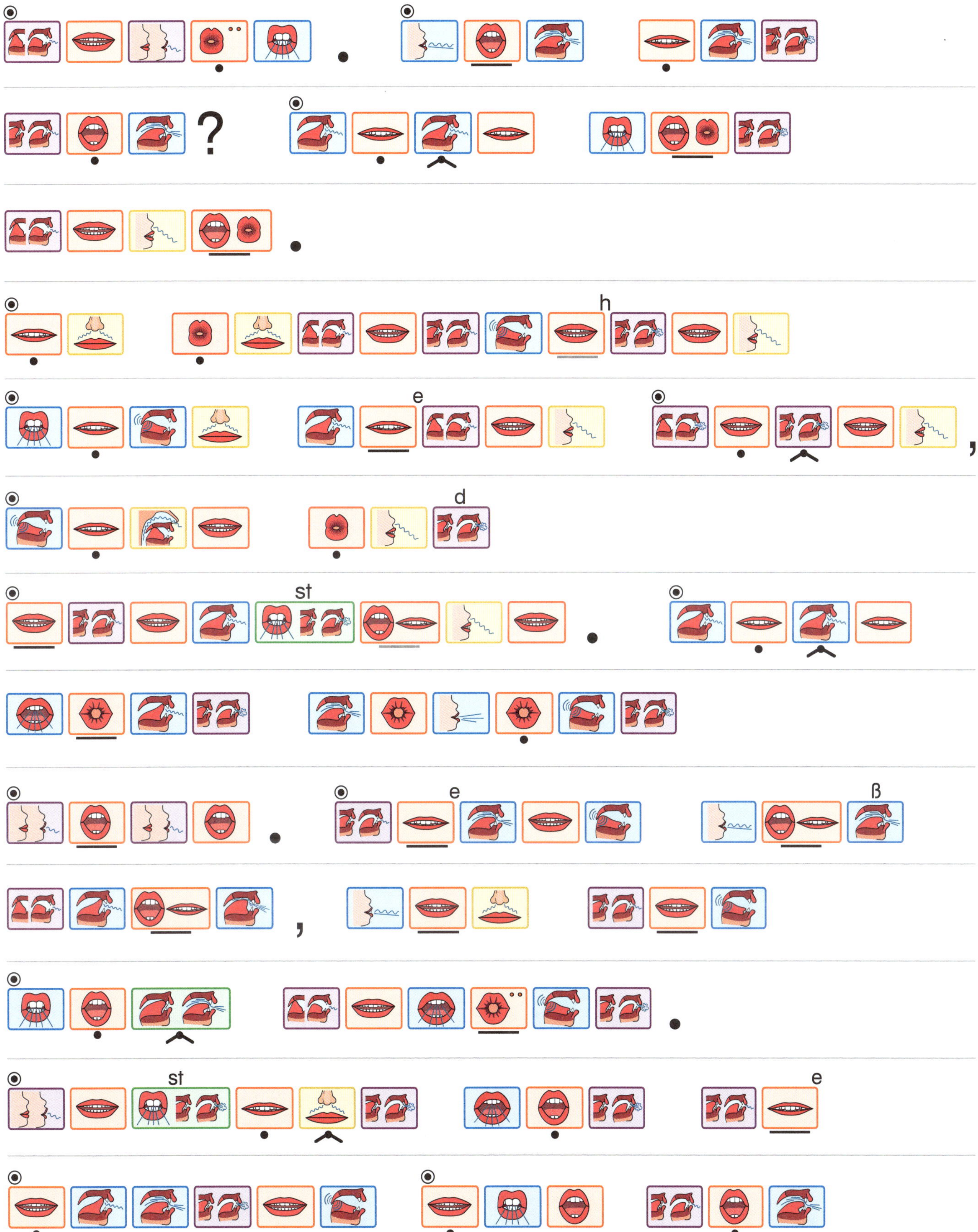

Gebüsch. Was ist das? Lilli schaut genau. Im umgedrehten Schirm liegen Ketten, Ringe und Edelsteine. Lilli holt sofort Baba.
Dieser weiß gleich, wem der Schatz gehört. Bestimmt hat die Elster Escha das

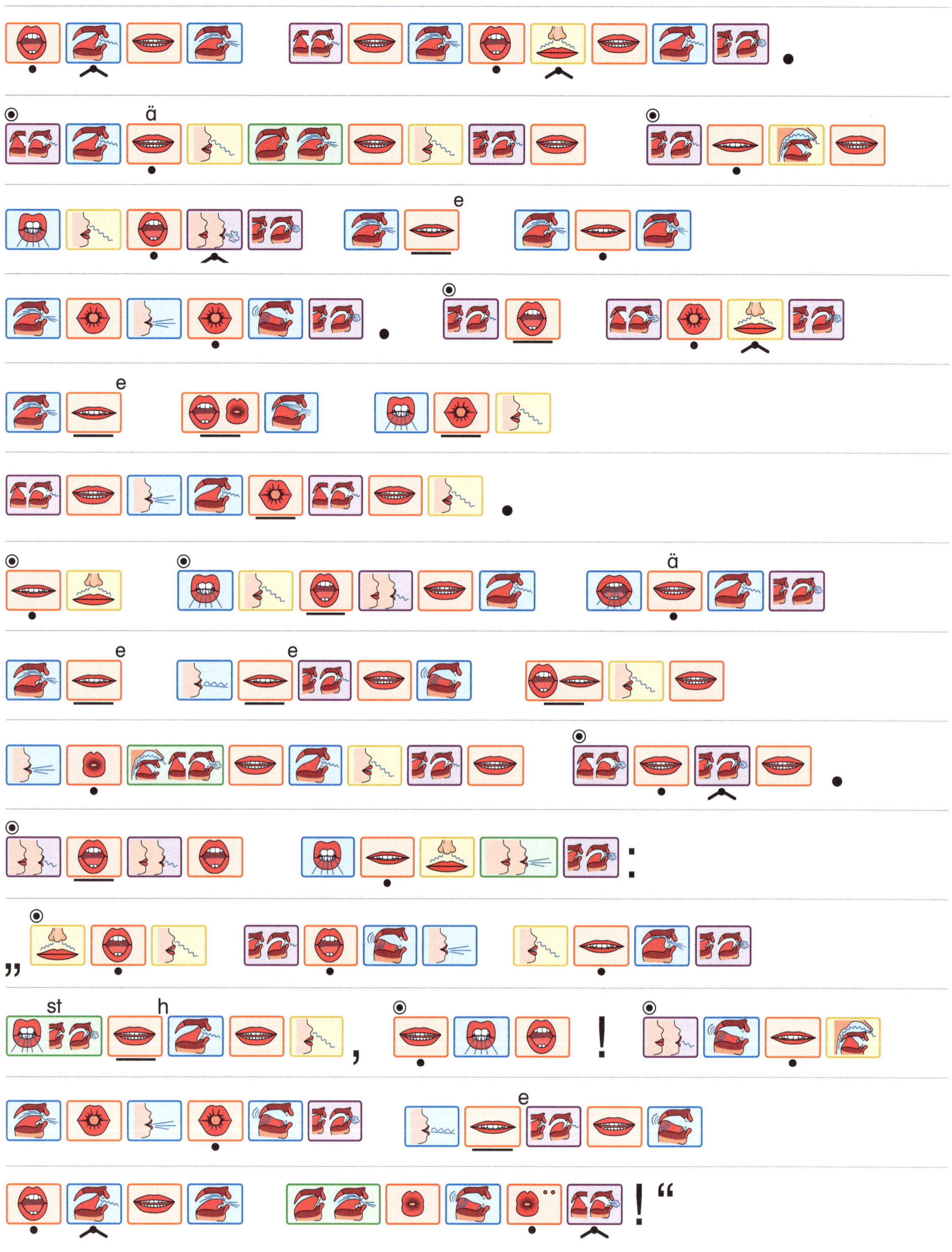


alles gesammelt. Glänzende Dinge schnappt sie sich sofort. Da kommt sie auch schon geflogen. Im Schnabel hält sie wieder eine funkelnde Kette.
Baba schimpft: „Man darf nicht stehlen, Escha! Bring sofort wieder alles zurück!“

**1** Lies und kreuze richtig an!

| | | |
|---|---|---|
| Lilli entdeckt | ○ | eine dunkelbraune Kiste. |
| | ○ | einen besonderen Schirm. |
| | ○ | einen kaputten Schrank. |
| Escha klaut | ○ | Schuhe, Schals und Taschen. |
| | ○ | Muscheln und Schnecken. |
| | ○ | Ketten, Ringe und Edelsteine. |
| Escha ist | ○ | eine Meise. |
| | ○ | eine Elster. |
| | ○ | ein Rabe. |
| Lilli holt schnell | ○ | Biba. |
| | ○ | Baba. |
| | ○ | Aliamo. |
| Als Escha wieder kommt, hat sie ___ im Schnabel | ○ | einen Ring |
| | ○ | ein Armband |
| | ○ | eine Kette |
| Baba | ○ | lobt Escha. |
| | ○ | schimpft Escha. |
| | ○ | dankt Escha. |

L, Entrepreneurship Education, Eigene/Fremde Gefühle wahrnehmen, Empathie, Verantwortung übernehmen

# Geisterstunde im Wald

Nahe bei Lillis Wald steht eine Burg.
Dort wohnen die Gespenster Giga, Gigo und Gigi.
Am Tag schlafen die Geister tief und fest.
Wenn es aber finster wird, schweben sie aus der Burg heraus.
Sie schweben über Wiesen und Felder und huschen dann in Lillis Wald hinein.

L, HS, Umweltbildung

Die lustigen Gespenster erschrecken gerne die Tiere des Waldes:

Rehe, Hirsche, Hasen und Wildschweine.

Als sie einmal Tierkinder erschrecken, laufen diese laut schreiend zu ihren Eltern.

Lilli mag die lustigen Gespenster, aber weil sie so einen Unsinn treiben, sagt sie zu ihnen:

„Das ist nicht lustig! Schaut, wie traurig die Kleinen sind!“

Nun tut es Giga, Gigo und Gigi sehr leid und sie entschuldigen sich.

**1** Was tun die Gespensterkinder am Tag?

- ◯ Sie turnen.
- ◯ Sie schwimmen.
- ◯ Sie schlafen.
- ◯ Sie spielen.

**2** Was tun die Gespensterkinder, wenn es dunkel wird?

- ◯ Sie finden Blumen und Beeren.
- ◯ Sie schweben über Wiesen und Felder.
- ◯ Sie erschrecken Tierkinder.
- ◯ Sie huschen in ein altes Bauernhaus.

L, Umweltbildung, Entrepreneurship Education

# Müll im Wald

Im Lilliwald gibt es ein Problem.
Überall findet man Müll.
Alle Tiere des Waldes sind
darüber wütend und traurig.
Ula: „Ich habe fünf Plastikflaschen gesehen."
Bibo: „Ich habe mehrere Plastiksackerl entdeckt."
Ali: „Überall liegen alte Kartons und Dosen herum."
Oli: „Unter dem Busch liegt ein alter, kaputter Schuh."
Lola: „Im grünen Moos liegen sogar Glasscherben."
Lilli: „Müll gehört nicht in die Natur!"
Alle: „Wir brauchen eine Lösung. Was können wir tun?"

Lilli hat eine gute Idee:
„Alle können helfen.
Wir müssen uns Mühe geben
und den Müll sammeln."
So entsteht ein riesiger
Müllberg. Da kommt Bakabu.

L, Umweltbildung

Als er diesen Müllberg sieht,
singt er sein Mülltrenn-Lied.
Bald stimmen alle fröhlich ein.
Daraufhin wird der Müll getrennt.
Kannst du helfen?

Mülltrenn-Lied

Ja, auch Dinge,
die wir nicht mehr brauchen,
haben einen Platz.
Ja, auch Dinge,
die wir nicht mehr brauchen,
sind ein wahrer Schatz.
...

**1** Male die Kreise in der Farbe der Mülltonne an, in die der Müll gehört!

Altpapier | Altmetall | Altglas | Biomüll | Plastikmüll | Restmüll

| | | |
|---|---|---|
| ○ Karton | ○ Glasflasche | ○ Öldose |
| ○ Gurkenglas | ○ Bananenschale | ○ Marmeladenglas |
| ○ altes Heft | ○ kaputter Kübel | ○ alte Schrauben |
| ○ Aludose | ○ Plastikflasche | ○ kaputter Schuh |
| ○ Eierschalen | ○ faule Tomate | ○ Plastiksackerl |

Am Ende sind alle müde, aber sehr froh.
Endlich ist der Wald wieder schön.

L, Entrepreneurship Education
Wirtschafts- und Verbraucherbildung, Umweltbildung

# Jammer und Jubel

Jedes Jahr im Juni kommen Onkel Jakob und seine Frau Julia mit ihren fünf Kindern ins Försterhaus. Das ist schön für Wilma.

Wenn Julian, Jeremias, Sonja, Anja und die kleine Jana da sind, ist es immer lustig.

Gemeinsam erkunden die Kinder den Wald.

Sie entdecken Rehe und Hasen.

Bald bekommen sie Hunger und wollen heim.

Aber wo ist der Weg?

Jana und Jeremias beginnen zu jammern.

Sie haben Angst.

Gott sei Dank ist die Jägerin mit ihrem Jagdhund in der Nähe.

Sie hört das Jammern der Kinder und hilft ihnen.

Onkel Jakob und Tante Julia sind darüber sehr froh.

Die Kinder jubeln.

**1** Onkel Jakob hat fünf Kinder. Drei Namen sind falsch.

- ○ Julian
- ○ Jeremias
- ○ Julia
- ○ Sonja
- ○ Anja
- ○ Jutta
- ○ Jana
- ○ Jonas

**2** Warum jammern Jana und Jeremias?

- ○ Sie haben Hunger.
- ○ Sie haben Angst.
- ○ Ihre Beine tun weh.
- ○ Sie finden den Weg nicht.

**3** Wer findet die Kinder?

- ○ eine Lehrerin
- ○ eine Jägerin
- ○ ein Förster
- ○ ein Bauer

# So ein Krach

Eines Tages suchen alle Tiere des Waldes aufgeregt nach Lilli.

Lilli: „Was ist denn los?"

Maus: „Hörst du nicht den Lärm?"

Hase: „Es hört sich wie Donner an."

Schlange: „Das kann nicht sein! Es scheint ja die Sonne."

Maulwurf: „Auch unter der Erde hört man den Krach!"

Igel: „Hoffentlich ist es kein Erdbeben!"

Wildschwein: „Es könnte ein riesiger Bagger sein!"

Spinne: „Es könnte ein Düsenflieger sein!"

Bär: „Es könnte ein Ufo sein!"

Reh: „Sicher ist es etwas Gefährliches!"

Eichhörnchen: „Bei meinem Baum ist es am lautesten!"

Da lacht Lilli und ruft: „Kommt alle mit!" Schnell findet Lilli den hohen Baum des Eichhörnchens. Als endlich alle Tiere nachgekommen sind, sagt Lilli: „Das ist der

Lieblingsbaum meines Opas. Ich bin sicher, dass er tief schläft und dabei laut schnarcht!“

Lilli fliegt auf den Wipfel des Baumes.

Dort entdeckt sie wirklich den schnarchenden Opa.

Sie ruft: „Opa, wach auf! Die Tiere fürchten sich!“

Lillis Opa schämt sich und fliegt gleich hinunter.

Höflich sagt er: „Das tut mir sehr leid. Ich wollte niemanden erschrecken!“

Natürlich sind ihm die Tiere nicht böse. Erleichtert lachen alle und Opa lacht mit ihnen.

**1** Lies und schreibe die richtigen Nummern in die Kästchen!

| | |
|---|---|
| | Sie fliegt auf den Wipfel des Baumes. |
| | Erleichtert lachen alle. |
| 1 | Im Wald ist es sehr laut. |
| | Lilli hat eine Idee. |
| | Beim Baum des Eichhörnchens ist es am lautesten. |
| | Alle Tiere suchen Lilli. |
| | Dort entdeckt sie ihren schnarchenden Opa. |

# Besuch bei Ali

Der Zirkus hat sein Zirkuszelt wieder einmal am Waldrand aufgeschlagen.
Lilli macht sich auf den Weg, um den kleinen Affen Ali zu besuchen.
Weil sie Ali einmal geholfen hat, seine Eltern zu finden, bekommt sie immer eine Freikarte.

Lilli liebt den Zirkus.
Die Löwen springen durch brennende Reifen.
Die Affen turnen lustig herum.
Die Trapezkünstlerinnen zeigen tolle Kunststücke.
Am liebsten mag Lilli den lustigen Zuzuli,
der immer über seine eigenen Beine fällt.

Besonders aufgeregt ist sie, wenn der Zauberer Zuzuli mit seinem Zauberhut und seinem Zauberstab erscheint.

Er zaubert zwanzig Zebras,

vierundzwanzig Pilze,

vierzehn Brezen,

achtundzwanzig Zitronen,

siebzehn Zeitungen

und zehn zappelige Zwerghasen herbei.

Lilli und Ali klatschen begeistert.
Zu gern möchten sie auch das Zaubern lernen.
Sie haben Glück!
Gerne zeigt ihnen der Zauberer Zuzuli ein paar Zaubertricks.

**1** Zauberer Zuzuli kann auch lange Wörter zaubern:

| | | | | | |
|---|---|---|---|---|---|
| Finger | → | Zeigefinger | Spitze | → | Zungenspitze |
| Reihe | → | Zweierreihe | Bürste | → | Zahnbürste |
| Platz | → | Sportplatz | Eis | → | Zitroneneis |
| Wurzel | → | Baumwurzel | Meter | → | Zentimeter |
| Stift | → | Filzstift | Scheibe | → | Zielscheibe |
| Zwiebel | → | Blumenzwiebel | Zeitung | → | Tageszeitung |
| Spange | → | Zahnspange | Zaun | → | Gartenzaun |

**2** Welche Tiere findest du nicht im Zoo? Streiche sie durch!

Zebra Löwe Puma Giraffe Einhorn

Affe Eisbär Nilpferd Dinosaurier

Leopard Elefant

Pinguin Nashorn

Kamel Papagei

Lama

Braunbär Drache

Flamingo Jaguar

# Ist das ein Scherz?

Florian ist zu Besuch bei Wilma.
Den beiden Kindern ist langweilig.
Darum wollen sie sich einen Scherz ausdenken.
Angestrengt überlegen sie.
Da hat Florian eine Idee. Schnell rennt er zum Telefon und wählt die Notrufnummer der Feuerwehr.
„Bei uns im Wald brennt es!“, ruft er ins Telefon.

Bald darauf schon hören sie das Folgetonhorn.
Auch Lilli wird dadurch geweckt. Mit Blaulicht brausen zwei Feuerwehrautos herbei. Sofort springen neun Feuerwehrmänner und Feuerwehrfrauen heraus. Sie sehen sich um und fragen: „Wo brennt es denn?“
Florian und Wilma rufen „Das war doch nur ein Scherz!“, und lachen.
Doch die Feuerwehrmänner und Feuerwehrfrauen lachen nicht. Auch Lilli macht ein ganz ernstes Gesicht.

Warum? Was denkst du?

L, Entrepreneurship Education, Politische Bildung

Der Feuerwehrhauptmann schimpft. Alle Feuerwehrleute schauen böse. Dann steigen sie wieder in die Feuerwehrautos ein und fahren weg. Nun lachen auch Wilma und Florian nicht mehr. Mittlerweile wissen sie, dass dieser Scherz keine gute Idee war.

Lilli erklärt: „Das war gar nicht lustig. Notrufnummern darf man nur im Notfall wählen!“ Bedrückt schauen die Kinder Lilli an. Leise fragt Wilma: „Was sollen wir denn jetzt tun?“

Nun hat Lilli Mitleid. Sie begleitet die Kinder zum Feuerwehrhauptmann Eugen Feuerstein. Die beiden möchten sich unbedingt entschuldigen. Wilma und Florian schwören, dass sie die Notrufnummer nur mehr im Notfall anrufen werden.

Eugen Feuerstein sieht, dass es den Kindern wirklich leidtut. Nun ist er nicht mehr böse.
„Wie können wir das wieder gutmachen?“, will Florian wissen.
Der Feuerwehrhauptmann erklärt: „Am Samstag müssen wir alle Feuerwehrautos putzen. Da können wir jede Hilfe brauchen!“
Da sind die beiden natürlich gerne dabei!

L, Politische Bildung

**1** Warum ruft Florian die Feuerwehr?

- ○ Es brennt.
- ○ Sie brauchen Hilfe.
- ○ Ihnen ist langweilig.
- ○ Sie haben Hunger.

**2** Warum sind die Feuerwehrmänner und Feuerwehrfrauen böse?

- ○ Es brennt.
- ○ Es brennt nicht.
- ○ Das ist nicht witzig.
- ○ Sie kommen umsonst.

**3** Was erklärt ihnen Lilli?

- ○ Notrufnummern darf man nur im Notfall wählen.
- ○ Notrufnummern darf man immer wählen.

**4** Wie wollen es die Kinder wiedergutmachen?

- ○ Sie helfen dem Förster im Wald.
- ○ Sie bringen den Feuerwehrleuten eine Jause.
- ○ Sie helfen beim Putzen der Feuerwehrautos.

L, Politische Bildung

# Vögel

Die Vögel sind Lillis Freunde und Verwandte.
Lilli kennt sie alle sehr gut. Sie beschreibt ein paar Vögel für dich ganz genau. Wenn du sie dann in der Natur siehst, weißt du sicher ihre Namen.

## Die Haubenmeise

Sie hat eine schwarz-weiß gemusterte, leicht nach vorne gebogene Federhaube. Der Rücken des Vogels ist graubraun. Der Kopf und der Hals sind weiß und von einem schwarzen Band eingefasst. Das sieht fast aus wie ein Halbmond.

## Der Gimpel oder Dompfaff

Er hat eine schwarze Kappe und einen schwarzen, kurzen Schnabel. Auch der Rücken und der Schwanz sind schwarz. Die schwarzen Flügel haben eine weiße Binde. Brust und Bauch sind beim Männchen rötlich und beim Weibchen rehbraun.

## Die Amsel

Das Gefieder der Männchen ist schwarz, die Weibchen sind dunkelbraun. Der Schnabel und die Augenringe sind hellgelb bis orange. Beim Weibchen sind sie etwas dunkler als beim Männchen.

## Das Rotkehlchen

Man erkennt es ganz leicht, weil seine Brust, seine Kehle und seine Stirn orangerot sind.

## Die Elster

Der Rücken und der Schwanz des Vogels sind schwarz, der Bauch ist hellweiß. Die Federn glänzen bläulich, grünlich oder purpurn.

## Der Buntspecht

Der Rücken des Spechts ist schwarz mit zwei großen, weißen Flecken auf den Flügeln. Der Bauch ist gelblich grau. Rechts und links am Schwanzansatz befindet sich ein roter Fleck. Die Männchen haben außerdem einen roten Fleck im Genick. Der Kopf ist an den Seiten weiß mit schwarzen Bartstreifen.

## Der Kuckuck

Der Kuckuck ist ein mittelgroßer, grauer Vogel mit hellem Bauch und feinen Streifen auf der Brust.

Unter www.tierstimmenarchiv.de kannst du dir die verschiedenen Vogelstimmen anhören.

L, Informatische Bildung, Medienbildung, Umweltbildung

**1** Welcher Vogel ist das? Kreuze richtig an!
Der Bauch ist hell und auf der Brust sind feine Streifen.

- ◯ die Amsel
- ◯ die Elster
- ◯ der Kuckuck
- ◯ der Buntspecht

**2** Die Federn glänzen bläulich, grünlich und purpur.

- ◯ der Gimpel
- ◯ das Rotkehlchen
- ◯ die Elster
- ◯ die Haubenmeise

**3** Die Federhaube ist schwarz-weiß gemustert und leicht nach vorne gebogen.

- ◯ der Buntspecht
- ◯ die Elster
- ◯ der Kuckuck
- ◯ die Haubenmeise

**4** Die Männchen sind schwarz und die Weibchen sind dunkelbraun.

- ◯ die Amsel
- ◯ der Buntspecht
- ◯ der Kuckuck
- ◯ das Rotkehlchen

**5** Brust, Kehle und Stirn sind orangerot.

- ◯ die Elster
- ◯ das Rotkehlchen
- ◯ der Kuckuck
- ◯ die Haubenmeise

# Felix

Eines Tages haben Mama und Papa eine besondere Überraschung für Lilli. Mama erklärt: „Du bekommst bald ein Geschwisterchen.“ Lilli beginnt zu jubeln. Schon so lange hat sie sich das gewünscht.
Nach ungefähr einem Monat ist es endlich so weit. Das Ei bekommt einen Sprung. Gespannt schaut Lilli zu, wie es aufbricht und ein kleiner Eulenbub herausschaut.
Lilli darf den Namen aussuchen.
Sie nennt ihn Felix.
Von allen Seiten kommen nun Waldbewohner und Waldbewohnerinnen herbei und bewundern den kleinen Felix.

Lilli wird immer stiller. Sie lacht nicht mehr. Ihre Augen strahlen nicht mehr. Ganz allein sitzt sie auf einem Ast. Da kommen Oma und Opa. Sie sehen sofort, dass Lilli traurig ist.
„Was ist mit Lilli los?", rufen sie laut.
Nun schauen alle zu Lilli. Da fängt sie zu weinen an.
Schluchzend sagt sie: „Alle wollen nur Felix sehen. Ich bin nicht mehr wichtig. Ich glaube, Mama und Papa haben mich nicht mehr lieb."

Schnell fliegt Papa zu Lilli und nimmt sie in den Arm. Er erklärt: „Felix braucht jetzt noch viel Hilfe. Er kann noch nicht allein fliegen und Nahrung suchen. Du bist unser großes Eulenmädchen. Wir haben dich sehr lieb."
Glücklich darf sich Lilli dann zu Mama und Felix kuscheln.

Nach ein paar Wochen schon verlässt Felix das Nest und klettert mit Lilli auf dem Baum herum. Lilli bringt ihrem Bruder auch das Fliegen bei. Von da an nimmt sie Felix überall mit.

L, Entrepreneurship Education, Gesundheitsförderung, Eigene/Fremde Gefühle wahrnehmen, Empathie, Verantwortung übernehmen

**1** Warum ist Lilli traurig? Sprecht darüber!

**2** Lies die Sätze und schreibe die passenden Nummern in die Kästchen!
Lies die Geschichte dann in der richtigen Reihenfolge!

| | |
|---|---|
| | Lilli sitzt allein auf einem Ast und ist traurig. |
| | Sein Name ist Felix. |
| 1 | Eines Tages bekommt Lilli einen kleinen Bruder. |
| | Dann darf Lilli mit Mama und Felix kuscheln. |
| | Schnell fliegt Papa zu Lilli. |
| | Alle kommen und bewundern Felix. |
| | Bald schon nimmt Lilli Felix überall mit. |
| | Sie meint, dass sie ihre Eltern nicht mehr liebhaben. |

**3** Lilli darf den Namen für ihren Bruder aussuchen.
Welchen hat sie gewählt?
Lies die Namen und kreise den richtigen ein!

| Xaver | Xenio | Maximilian | Felix | Alexander | Xezal |
|---|---|---|---|---|---|

L, Entrepreneurship Education, Gesundheitsförderung, Eigene/Fremde Gefühle wahrnehmen, Empathie, Verantwortung übernehmen

# Frösche

Am Sonntag fliegt Lilli in den Hexenwald zu ihrer Freundin Biba und deren Schwester Elexa.
In der Nähe des Hexenhäuschens befindet sich ein kleiner Teich.

Dort gibt es Frösche und viele Froscheier.
Die Froscheier werden auch Froschlaich genannt.
Die Hexenschwestern beobachten jedes Jahr, wie aus dem Laich Frösche werden.
Lilli interessiert sich sehr dafür.
Darum erklären ihr Biba und Elexa genau, wie sich ein Frosch entwickelt:
Aus den Froscheiern schlüpfen Kaulquappen.
Mit ihrem kleinen Ruderschwanz sehen sie wie winzige Fische aus.
Doch bald verändern sie sich.
Sie werden größer und größer.
Eines Tages bekommen sie Hinterbeinchen.

L, Umweltbildung

Bald darauf sind auch Vorderbeinchen zu sehen. Zuletzt schrumpft der Schwanz und die kleinen Frösche hüpfen an Land und quaken laut.

**1** Richtig oder falsch? Kreuze an!

| | ✓ | X |
|---|---|---|
| Im Teich gibt es Frösche und Froscheier. | | |
| Im Teich gibt es Vögel und Vogeleier. | | |
| Aus den Froscheiern schlüpfen Frösche. | | |
| Aus den Froscheiern schlüpfen Kaulquappen. | | |
| Die Kaulquappen haben einen kleinen Ruderschwanz. | | |
| Sie werden größer und größer. | | |
| Zuerst bekommen sie Vorderbeinchen. | | |
| Zuletzt schrumpft der Schwanz. | | |
| Die kleinen Frösche hüpfen ins Boot. | | |
| Frösche quaken. | | |
| Frösche quieken. | | |

L, Umweltbildung

# Kleine Zaubereien

Aliamos Tochter heißt Yvonne.
Aliamo liebt seine Tochter sehr. Yvonne liebt ihren Vater sehr.
Oft spielt sie ihm schöne Melodien auf dem Xylofon vor.
An ihrem 10. Geburtstag darf Yvonne zum ersten Mal zaubern.
Während sie auf ihrem Xylofon spielt,
murmelt sie Zaubersprüche.

Da wird aus jedem Baum
ein Bäumchen.

Aus jedem Strauch
wird ein Sträuchlein.

Aus jeder Maus
wird ein Mäuschen mit kleinen Äuglein
und einem kleinen Bäuchlein.

Aus jeder Laus
wird ein Läuschen
mit winzig kleinen Äuglein
und einem winzig kleinen Bäuchlein.

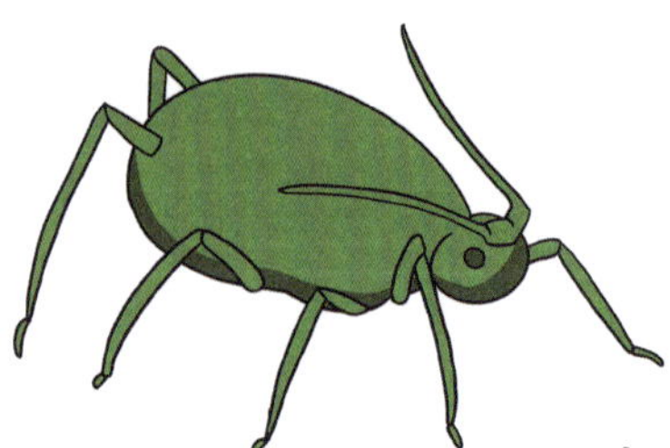

Aus dem Forsthaus
wird ein Forsthäuschen.

Aus dem Jagdhaus
wird ein Jagdhäuschen.

Aus jedem Zaun
wird ein Zäunchen.

Alles ist viel zu klein.
Der Förster und die Jägerin können nicht mehr in ihr Haus gehen. Die Vögel können nicht mehr auf den Bäumen sitzen. Die Mäuse und Läuse sind fast nicht mehr zu sehen.

Lilli und Felix fliegen zu Yvonne und rufen laut:
„Hör auf, Yvonne! Wir haben keinen Platz mehr zum Sitzen!“

Aus jedem Bäumchen wird wieder ein Baum.
Aus jedem Sträuchlein wird wieder ein Strauch.
Aus jedem …

Kannst du die Geschichte fertig erzählen?

1

Aliamos Tochter heißt

- ◯ Yama.
- ◯ Yamone.
- ◯ Yvonne.
- ◯ Yolanda.

2

Mit welchem Instrument spielt Yvonne schöne Melodien?

- ◯ mit der Flöte
- ◯ mit der Gitarre
- ◯ mit dem Klavier
- ◯ mit dem Xylofon

3

Dabei zaubert Yvonne. Kreuze an, was stimmt!

- ◯ Aus dem Baum wird ein Bäumchen.
- ◯ Aus der Maus wird ein Häuschen.
- ◯ Aus dem Auge wird ein Zäunchen.
- ◯ Aus der Laus wird ein Läuschen.
- ◯ Aus dem Strauch wird ein Sträuchlein.
- ◯ Aus dem Försterhaus wird ein Jägerhäuschen.

# Lilli und Bakabu im Singeland

Lilli und Bakabu spazieren durch den Wald.
„Du hast ein sehr schönes Zuhause“, sagt Bakabu und pfeift ein Lied.
„Das stimmt“, freut sich Lilli. „Aber wo ist denn dein Zuhause, Bakabu?“, fragt sie neugierig.
„Das Singeland ist weit von der Erde entfernt“, flüstert Bakabu.
„Schade“, seufzt Lilli. „Dann werde ich wohl niemals deine Freunde kennenlernen.“
„Aber natürlich wirst du das!“, ruft Bakabu fröhlich. „Du musst bloß die Augen ganz fest zumachen und ganz genau hinhören … und schon geht die Reise los!“

L, Informatische Bildung, Medienbildung

Lilli und Bakabu schließen die Augen und im nächsten Moment zischen die beiden davon … vorbei an Sonne, Mond und Sternen. Bald darauf landen sie auf einem wunderbaren Planeten. Lilli blickt erstaunt um sich.

„Willkommen im Singeland“, brummt eine tiefe Stimme. Lilli erschrickt ein wenig.
„Du brauchst dich nicht zu fürchten“, lächelt Bakabu. „Das ist Onkel Kornett. Er ist eine alte Ohrmuschel und hat die tollsten Geschichten auf Lager.“
„Moment mal, wer ist hier alt?“, grummelt Onkel Kornett.
„Ach, ich liebe Geschichten“, freut sich Lilli.

„Und das sind Ukuleila, die schrille Grille, und Jack Embalo, der maulende Maulesel“, stellt Bakabu zwei weitere Freunde vor.

L, Medienbildung

„Guten Tag, Eule Lilli, wie schön, wieder mal Besuch zu bekommen“, quietscht Ukuleila. „Von wo kommst du und wie alt bist du und wie viele Freunde hast du und …?“
„Jetzt lass sie doch mal alle kennenlernen“, mault Jack Embalo. „Sehr erfreut, Fräulein Lilli“, brummt der Maulesel.

„Und das sind Mimi Lou, die durchgeknallte Knallfröschin, und Charlie Gru, die ängstlichste Tontaube im ganzen Singeland“, lächelt Bakabu. „Meine besten Freunde, mit denen ich die tollsten Abenteuer erlebe.“
„Hallo, Lilli“, quakt Mimi Lou fröhlich.
„G-G-Guten T-T-Tag“, zittert Charlie Gru und versteckt sich hinter seinem Flügel.

„Wie schön, euch kennenzulernen“, freut sich Lilli. „Und ihr erlebt richtige Abenteuer gemeinsam?“
„V-V-Viel zu v-v-viele A-A-Abenteuer“, stammelt Charlie Gru. „Vielleicht solltet ihr die Geschichten aufschreiben. Dann können wir sie alle gemeinsam lesen. Mit den Kindern auf der Erde“, überlegt Lilli.

L, Medienbildung

„Das ist eine tolle Idee“,
rufen Bakabu und Mimi Lou.
„Und die Kinder von der Erde
können doch auch
ins Singeland kommen.“

Was meint ihr?
Habt ihr Lust? Dann
kommt doch mit …

Bakabu hat euch noch einen Feriensong mitgebracht.
Singt mit!

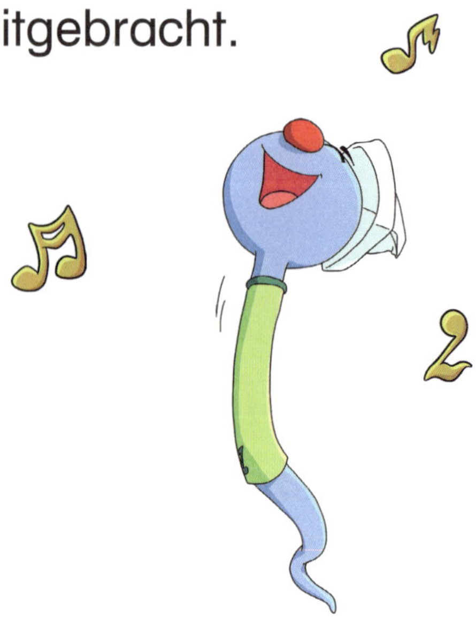

www.trauner.at/
baka_boogie

Ihr wollt mehr über Bakabu wissen?
Dann hört euch Teile der Geschichte an:

www.trauner.at/
hoerprobe_notenschluessel

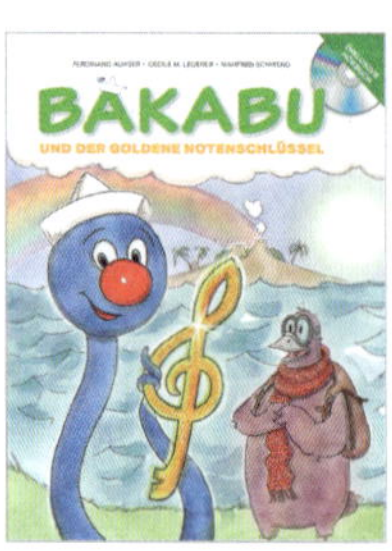


Die ganze Geschichte findet ihr im Buch
„Bakabu und der goldene Notenschlüssel“.
von Ferdinand Auhser, Illustrationen von Cecile M. Lederer,
Musik von Manfred Schweng
Hörbuch gelesen von Christian Tramitz